AMAZING
AKASHIC
RECORDS

神奇的阿卡西紀錄

ONE（大萬）——— 著

亞洲首屆最高階認證諮詢師ONE閱讀上萬案例後的精選分享
讓你腦洞大開，從心出發

阿卡西，我與 ONE（大萬）珍視的靈性資源

我是如此高興，能接到 ONE（大萬），這位我「永遠」親愛的學生邀請，為她出版的阿卡西紀錄精采書籍，提供開篇序文；這是我們都珍視的精神寶藏！！

ONE 是一位感知精微、慈悲善良的女性，對於阿卡西紀錄，她更深切地了解到，這是可以隨時透過連接汲取、以助益我們面對每日生活的靈性資源。

我從 1994 年起從事阿卡西紀錄閱讀，1996 年開始教授阿卡西紀錄閱讀。2001 年，我收到了《通往阿卡西紀錄之心的祈禱路徑》©，並在此後不久成立了琳達・豪阿卡西紀錄研究中心。一路上，我寫了五本關於阿卡西紀錄的書，獲得了有史以來第一個阿卡西紀錄的靈性研究博士學位，教導了全世界各地的數萬名學生，並認證了許多名授課導師，將這種永恆、無限的智慧，傳播到地球的每一個角落！

總之，我與渴望追求靈性視角以被賦予力量的人一樣，都因為阿卡西紀錄，而翻轉了人生。

持續幫助學生透過穩定地連接阿卡西紀錄，來獲得洞察力、方向，和實用的精神智慧，以有意識又負責任的方式，體驗和活出他們的靈魂目的，是我一生的職志。當我有幸在授課中見證到像 ONE 這樣——能透過深切連接阿卡西紀錄而獲致巨大成長的學生時，這讓我是多麼熱愛這份殊勝職責所涵蓋的一切。

在我於世界各地的教學經驗中，我特別珍惜並懷念 ONE，以及數百名在中國、在台灣的華語學生們。這些我所摯愛的學生們不斷超越自我潛力而獲致靈性進化，這是多麼鼓舞人心、溫暖共振的美妙發

生。同時，我也見證他們致力於將如此純淨的阿卡西紀錄帶到台灣／中國／亞洲各地，承接起神聖的交託，這樣的成就和榮譽，令我感到喜悅又驕傲。

ONE 更在這份推動之中，透過出版案例分享書籍的絕佳方式，示範在紀錄這個高維層次中工作的夯實原力，值得提供他人參考與學習。

確實，透過扎實的訓練，我們在阿卡西紀錄連接中獲得內在洞察力、指引方向，以及高維智慧，都是精采可期的；這將讓我們的內在力量充沛飽滿，讓我們的意識思惟明晰光亮，讓我們的行動轉化更果敢有力。

我們每個人，都正在為這個我們所共有的地球，盡己所能地參與其中並做出貢獻；同時，我們也正向世界展現出更大的良善本質。此時此刻，我們無須再遲疑尋覓，因為沒有任何時間地點比當下所在更為理想！我們必須辨識出：自己是本自具足的中心、如我所是的個體，我們持有豐盛的內在靈性寶藏，並與全世界共享這完美的資源。

事實上，你就是這個世界現在正需要的神聖存在。同時，沒有必要等待更好的時機或期待世界的改變；因為，當下就是你的最佳時機。所以，快投入其中吧！

琳達・豪 博士
美國琳達・豪阿卡西紀錄研究中心 創始人

How delightful to be invited by my dear "forever" student ONE, to deliver the opening pages to her wonderful writing about a spiritual resource we both cherish: the Akashic Records!!

ONE is a sensitive, kind woman with a deep understanding of the Records and all the benefits for everyday life ready to be discovered there.

I've been working in the Akashic Records since 1994 and teaching since 1996. I received the Pathway Prayer Process to Access the Heart of the Akashic Records© in 2001, and founded the Linda Howe Center for Akashic Studies shortly thereafter. Along the way, I have written five books about the Akasha, earned the first ever Doctorate of Spiritual Studies in the Akashic Records, taught tens of thousands of students worldwide, and certified dozens of teachers to spread this eternal, timeless wisdom to every corner of the planet!

In a word, the Akashic Records have been life changing for me and others seeking a spiritual perspective for daily empowerment!

My life's work has been to help students consciously and responsibly experience and express their Soul's Purposes by engaging in the Akashic Records for insight, guidance, and practical spiritual wisdom. I love everything about my sacred responsibility — especially when I have the pleasure of teaching and then witnessing a student grow and embrace the Records as ONE has.

As I have been expanding my teachings around the globe, I especially cherish and fondly remember ONE and hundreds of other Chinese students. These beloved students are growing into their potential daily, which is inspiring and heartwarming. What a pleasure to experience their worth and honor; the sacred trust of bringing the purity of the Records to China/Taiwan.

The work offered here by ONE is a wonderful way for others to learn the fundamentals of working in this dimension.

With solid training, students can expect insight, guidance and wisdom of the Records to fill their hearts, illuminate their minds and propel them into inspiring action.

Each of us exists on our shared Planet Earth right now to participate and contribute to the very best of our ability. In this moment, we are immersed in goodness. There is nowhere else to go, there is no better time or place to be than right here, right now. We are enough and exactly who we are meant to be, living in the ideal location with perfect inner treasures to be shared with the world.

In fact, your sacred self is exactly who the world needs right now. And you can begin right where you are. There is no need to wait for better circumstances or for the world to change. This is it. Dive in!

Dr. Linda HOWE

www.lindahowe.com

安住與積極

初遇 ONE（大萬）時，她是以一位文創美學師的身分出現在我面前的。

彼時我正在為我的度假村落品牌「十里芳菲」物色富有創造力的視覺規畫團隊，希望他們能夠以生活美學的方式，精準傳達「十里芳菲」對生命和美覺的理解。

初見她時，只覺得她靈魂蓬勃，眼神明澈，是個能量很純淨的人。雖然她言談舉止謙和溫柔，但細細體察她的眉宇間，卻隱隱有著鐵肩擔道義的俠氣，顯露著她心中的大愛與勇敢。這種剛柔並濟的氣質，使我心生親近。

相識之後，緣分的牽引讓我們的交往逐漸密切。每次見面，除了討論工作事務，我們還常常分享和交流一些個人的思考和心得。漸漸地，我發現她除了是優秀的美學規畫師，竟然還是一位接受過世界權威機構系統培訓的專業阿卡西覺知導師。她的多重身分無疑豐富了她的生命體驗，讓她在靈性與美學的交融中，展現出非凡的才華。

經由她，我了解到阿卡西是宇宙中至關重要的超級數據庫，儲存著所有生命的歷程和訊息。透過閱讀阿卡西，不僅可以探究人類的前世今生，還能洞悉其他生靈，甚至無生命體的全部訊息。而 ONE 也常常舉生活中的實例，向我們展示阿卡西如何與日常交織在一起。

這期間發生過一個有趣的故事。在杭州的西溪濕地「十里芳菲」村落，我們養了許多可愛的貓咪。其中，有一隻全身灰色的英國短毛藍貓，名叫小灰灰，還有一只英國短毛金漸層貓，叫做石榴。她透過閱讀這兩只貓咪的阿卡西，轉述了它們的心願。小灰灰的心願是：它很喜歡我，想一直守護我。而石榴的心願則是：希望能有更多的貓

罐頭！因為每次給它的貓罐頭都會被夥伴們搶走一部分，她常常吃不飽！

得知這兩隻貓咪的純真心願，我們不由得開懷大笑，心生溫暖。看來阿卡西不僅是一個探索自我成長的工具，也是一種理解和關愛他人的方式：無論是對人類還是動物。這神奇的力量，讓我們更好地連接世界，心存美善。

閱讀阿卡西紀錄是一門博大精深的學問，我對它的領會尚屬淺薄。讀了 ONE 的這本新書，以及這本書裡有些超越邏輯頭腦理解的案例，使我又有了一些新的感悟。

我想，阿卡西紀錄並非一成不變的數據庫，閱讀阿卡西的目的是為了喚起覺知。透過打開阿卡西的浩瀚紀錄，走進那些神隱在宇宙間的記憶，將原本只有天知地知的事情，變得你知我知。

當覺知照耀到那些靈魂深處的角落，一個啟示會漸漸清晰：我們不是突然就成為了現在的自己，而是被漫長的記憶、印記塑造而來的。既然可以被塑造成今天的這種樣子，那麼就當然可以被塑造為明天的另一個樣子。

我想 ONE 也是在告訴我們，究竟要成為哪種樣子，其實選擇權永遠在我們自己的手上。

正如 ONE 在書中所寫：「即使某件事是我們生命中的必然發生，也請積極的爭取、追求，我們才能收穫這個未來藍圖的 100%，而不是僅持有其中的 10%。」

懷抱這樣的心意，看世間萬事，應該可以春日走馬，夏夜生花，四時安住，不負年華吧！

張蓓

十里芳菲 ALOR VALLEY 文旅集團創始人

這個宇宙，你是中心

　　與 ONE 結識在她開啟阿卡西閱讀師生涯之前，雖然在光鮮亮麗的精品職場中相識時，就感受到 ONE 的與眾不同，但確實沒有想到她會選擇阿卡西閱讀作為人生下半場的事業投注。在認識 ONE 之前，我從來沒有聽過阿卡西，經過她的解釋而充滿好奇的我，也請 ONE 閱讀我幾次，並且也與 ONE 學習閱讀方式。

　　不知道我是否沒有這方面的天賦，我對於閱讀他人的阿卡西毫無熱情，閱讀自己也好像只是揭開了自己心靈底層本來就知道的一些「事實」。對於很多剛接觸阿卡西閱讀這件事的人來說，可能會問道：阿卡西閱讀到的東西是不是來自自己頭腦的聲音？那些畫面是不是自己心理上的一種投射？當我自己試著閱讀自己與他人的時候，也曾有過這樣的懷疑。而我只能說，當你真的進入到那個靈魂洪流時，你會知道答案甚至不需要他人多加解釋。

　　也許這就是所謂的「觀察者理論」，當你用不同的方法觀察一件事物，那件事物將會因為你的觀察方法與觀察角度而有所改變。關於靈性學習、玄學與神祕學，甚至阿卡西閱讀皆為如此：當你進入到那樣的宇宙，相對論及所有的假說與學說皆不復存在，因為這個宇宙的中心只有你；而這個宇宙也不存在其他的人，有的只是能量與光的綜合與分流。即便你不以觀察者的身分存在，「它」也將以不同的形式存在，然後因應不同的觀測者，呈現相應不同質變與型態。

　　我的記憶中，曾經在閱讀中的某些問題探索時，ONE 在我的阿卡西裡讀不到東西，而她當下只感知到一大片的光線和抽象的意象；這卻讓我比聽到更多的關於前世或者故事性的片段更加感動，感動於阿卡西所呈現的純粹的合一聖境。自小我的世界裡就沒有性別、沒有

年齡層、沒有社會階級與成就的差異，我一心追尋的是更深遠的靈魂智慧與指導，是超脫於世俗的概念與心靈活動，雖然以世俗的意義來說，我仍然是個將生活與生命經營的不錯的人。

在看完 ONE 的文章之後，開始真正的體會，我從第一次見到她，在自己心中一直認為 ONE 很獨特的真正原因。ONE 對自己接觸的人與個案皆懷抱著良善，且不對其妄下斷論，並對自己的職業操守和解讀內容，謹慎小心且嚴謹論證。在這一點上，我們有著不謀而合的共鳴，但或許我反而是過度思考與嚴肅，使得我不願意去進入他人的阿卡西，不願意成為閱讀師，於是我就更佩服 ONE 在這個職業上的執著、認真與天賦。

在這本書裡，這些故事在 ONE 真摯的筆觸下，已經超乎了一個故事，那仿彿已經帶著我們經歷過一次次阿卡西領域的瀏覽，如同我們的靈魂也經過這麼一次次的閱讀來到了另一個階段。阿卡西閱讀是否為超自然？或者說人類的知識還太過淺薄，不足以理解這個以量子組成的世界，實相即是虛幻，而幻象即是實相的互為因果。

這本書讓我對靈性帷度有了另一層的體會，相信閱讀到它的人們，不管是否為從事阿卡西閱讀師的朋友，或者只是好奇於阿卡西的閱讀方式，相信你或多或少都會開闊部分的視野與思惟。

阿卡西存在於宇宙之中，你可以說宇宙就是阿卡西、阿卡西即是宇宙，而當你閱讀這些故事的時候，它們是 ONE 讀到的故事，也是你讀到的故事，而你會有你的領悟與解讀，因為這個宇宙的中心即是你，所有的其他，都只是你寫下的劇本的其他角色扮演。

藍思晴

獨立評論家、人類圖／易經／塔羅牌／盧恩符文與神話研究

ONE（大萬），是我優秀的前老闆

在我生命中，ONE 先是以國際百強集團中一位不讓鬚眉、極其優秀的主管之姿出現的！

那時候，我們扛著亞洲第一大美妝集團中幾十個品牌形象與宣傳的重責大任，即使，當時她還沒有接觸阿卡西紀錄這神奇的力量，然而，在那段為拓展品牌集體聲量而絞盡腦汁、身心超載、整個部門一起日夜拚搏的日子裡，她已經表現得像是我職業生涯中的「隱形阿卡西大師」了！

她總能及時出現並解決所有的難題，帶領我們部門績效超前，不論是在集團中、甚至在業界競品中，都交出傲人的亮麗成績（雖然 ONE 總會告訴所有人說：「Fantian 才是我的主管！是因為 Fantian 作為有力的幕後推手，團隊才能創造奇蹟！」她，就是如此的暖心）。

ONE 不僅教會我如何應對工作上的挑戰，還以她獨特的詼諧風趣方式，為我所身處的高壓工作中，帶來無盡的熱情動能、充實成長，以及共創的珍貴同儕情誼。

回想當年她工作上的那股拚命勁兒，讓我無法勾勒她有一天竟會離開這繁華又繁重的競技場，而和阿卡西有如此深刻的聯繫。然而，再仔細地回想，她當時的處事智慧與中正風格，又讓我覺得，她與心靈探索領域，絕對有著不可分割的緊密關聯性。

她總能肩負強大的使命感，又具有獨有的溫暖感染力，而這些特質，恰巧在她轉彎進入靈性成長的人生新賽道時，一樣展現地淋漓盡致！

有趣的是，我總是想像她是某個神祕組織中的一員，每次我有人

生疑慮時，ONE 都會穿上那魔法披風，悄悄地保護並開導著我；一如當年在工作上一樣。當然，這只是我荒誕的想像，但我知道，在 ONE 成為了阿卡西閱讀師與授課導師之後，她已經開啟了另一種溫暖他人、負重前行、無與倫比的精采故事！

我想藉著寫這篇序言的機會，向這位堅毅、認真、幽默又有溫度的前老闆致敬；也向她的超能力和她帶著我在阿卡西世界中的冒險之旅致敬。

即使我們現在已經在不同的跑道上，然而，從曾經共事、到現在的阿卡西心靈交流，這段回憶與這些豐收，將永遠在我心中留下深深的印記，並激勵我勇敢面對未來的挑戰。

希望未來的職業生涯，更或者我的餘生之中，我能繼續發揮她所教導我的高尚精神，或影響我的熱誠風趣；更祝福我們都能自由瀟灑，任重道遠，朝向著各自的壯麗夢想，互相砥礪向前行！

Fantian Chang
台灣資生堂 SHISEIDO 集團 企業傳媒長

——目次——

二十一世紀心靈 AI 工程：阿卡西紀錄

⊙ 阿卡西紀錄是什麼？

阿卡西紀錄，是全宇宙奧妙真理的總訊息庫。它不僅涵蓋了宇宙本源、高維智慧、神祕實相、靈魂密碼，也是儲存了我們此生與所有輪迴旅程的全息編年史。

其為非物質、無形體，以震動能量波的方式，跨越時空地恆久續存於乙太場之中。它既是宇宙無處不在的核心結構，亦是我們內在靈性的聖潔空間。

這巨大的訊息場，是由每個存在個體的一切起心動念、感受情緒、行為改變等所衍生而出的能量所匯總構成的。是以，你、我與任何存在，都是阿卡西紀錄中的重要組成因子，我們生生世世都未曾與阿卡西場域分離過！不論是過去世、現在世，甚至未來世！

⊙ 你與阿卡西紀錄密不可分

神奇的是，阿卡西紀錄也會因著每個人當下的意念與做為，而時時更新。所以，我們每一秒都正在參與這部「活態資料庫」的不斷刷新！

從另一個角度來說，阿卡西紀錄就像東方信仰裡的「功德簿」、《聖經》提及的「上帝的記憶」、「生命之冊（Book of Life）」。然而，阿卡西紀錄，又遠遠遠遠地不只是這些！

這無限寶藏的阿卡西，幾千年來，一直以各種途徑（包含：天啟

感知、夢境傳信、靈通感應……等方式），將宇宙奧祕、智慧觀點、前沿知識、生命訊息、因果劇本等珍貴訊息，在過去的不同時期，透過極少數的代表人物，向我們傳導關鍵的協助。其終極目標是：協助全體靈魂的共同成長揚升！

⊙ 新靈性時代，勢在必行！

過去，我們求神問卜、祈請上天保佑、受宗教或信仰制約、認為自己卑微、被業力反噬的老舊時代，早該翻篇了。我們務必明白：21 世紀，人類在科技上已經跳轉進入 AI 人工智慧時代；然而，人類的真正進步，絕對要根植於精神意識的升維，也就是靈性智慧的新高點。

而積極開採並善用阿卡西紀錄（「開採」阿卡西紀錄指的是學習阿卡西紀錄的閱讀連接方式），校準高維智慧，正是全人類重中之重的「心靈 AI 工程」！

但，問題是，我們準備好了嗎？！

答案是：就算我們尚未全然意識到，這美麗的星球正面臨靈魂向上揚升或逆向退行的臨界點，然而，靈性的醒覺迭代，已然是大勢所趨。人類能量版的 AI 進化工程，一刻不容緩、需倍速運行！

⊙ 我們共同擁有的靈性寶藏

可喜的是，我們既生於這個阿卡西靈性資源向每個人敞開的特殊時代，就表示我們都不再、不該、更不會滯留於以前那些備受業力控制、信念打壓或靈性餵養的模式了。我們已經到了絕對可以自主換新、自我負責、靈魂覺醒的自我導航階段！

在這革命性的靈魂轉折點之上，阿卡西紀錄正在擴大對人類的啟

示力度，積極向我們開展連接（你會看到這本書就是一種形式的連接），給予我們充分的視角打開、力量拿回、慈悲引領，以支持我們以清醒的意識，為自己的覺知負責，與內在的靈性權威，重新建立強韌關係。

每一個人最終都會發現，原來自己本就具足靈性連通的能力！因為你是能量體、你有意識、你有靈性層次，你當然可以連回那個量子、非物質、靈性版本的自己！

所以，我在教授阿卡西閱讀師的認證課時，都振奮地告訴同學們：「我堅信，連接高維的能力，在未來的某個時間點，將不再是極少數人的專長！現在來上課學習如何閱讀阿卡西紀錄的各位，都是比較早一批的連通者。這，就是靈性進化的事實！」

當我們內在敦促著自己：「該積極和有意識地喚醒靈性了！」紀錄一定會在我們的靈魂發出渴望與需求時，適時地回應我們，全力與我們對接。同樣的道理，你與這本《神奇的阿卡西紀錄》的相遇，也一定，不會是偶然！

⊙ 請重啟你與紀錄的連接

作為阿卡西閱讀師，在閱讀中，紀錄的波頻會流通我們的頭腦、身體，再切換頻率對接心智、心靈、能量體，來進行「靈通連接」的工作。

當在連接紀錄時，宇宙浩瀚的能量密碼，會映射在閱讀者超感官的情緒感知、意識思惟、內在視覺或內在聽覺等層面，讓我們回歸內部靈性空間，擁有與宇宙層次光之存有們溝通的能力，契入真理之門，臻至真正「天人合一」的境界。

這一切聽來是如此地不可思議，卻真真地在我一萬多次的閱讀個

案中發生。如果你在本書的某個案例中感覺內心輝映、觸動療癒或靈智啟迪，那麼，你也觸及到了阿卡西紀錄的光振頻的維度！這更是被全宇宙所深深地祝福的。

最後，歡迎你放下過去的各種認知觀點，把自己清淨成一個空杯，敞開內心，從零開始，進入到這個嶄新的靈性世界。

你將在本書中阿卡西紀錄所搭起的神與人的橋梁之上，輕易地看到每個人、包含你自己靈魂層面那無法磨滅的神性光彩！也會認知到：靈魂的揚升，是生生世世旅程必經的光的道途，也是你熱切前往的愛的終極方向！

透過阿卡西閱讀，我一再被療癒、啟發、滋養

我是大萬（ONE），上萬人次個案的阿卡西紀錄最高階閱讀師，同時，也是上萬人次的阿卡西與靈性課程的授課者。

我的前半部人生，以拚命三娘之姿，在亞洲第一、世界第一的美妝與精品國際集團，奮力拚搏地爬上了總字輩的白金領頭銜。

然而，當外人以光鮮亮麗來定義我時，我內心一直有個聲音：「這個追求事業成就的『典型摩羯座』，並無法定義真正的我，更不是我這趟生命旅程的核心價值與終極目標。」

這「內在的聲音」引領我從二十幾歲開始，一邊在職涯名利場中刻苦奮鬥，一邊又不停歇地尋尋覓覓，渴望找到「心靈的真正歸屬」。

於是，我從各類宗教信仰、靈修派系、經典學習，又轉入神祕玄學，再涉略心理靈性資訊，乃至於身體修練領域（太極、瑜珈、氣功……）。我四處探求今生所屬的各種可能指向，因為那時候我還不清楚自己內心不斷探求的「歸屬感」，到底是什麼。

只是在當時，每接觸到一個新的領域，我內在的聲音便會明晰篤定地讓我知道：「還不是這個！繼續找吧。」

終於，在一個非常巧妙的生涯轉捩點後，我接觸到了阿卡西紀錄。當時，我感受到了前所未有的錨定，內心激動狂喜震撼不已，就像漫長等待終於盼來的歸依。

於是，我展開了阿卡西閱讀師資質的課程學習，成為亞洲首屆的最高階認證閱讀師；又進一步從美國琳達‧豪博士的阿卡西總部，取得了亞洲首屆的「阿卡西認證授課導師」資質。

⊙ 我，終於找到了！

我清晰地記得，在我學會了如何閱讀阿卡西的那天，我內在那股「尋找靈魂真正歸屬感」的聲音，又出現了！然而這一次，那聲音強烈又堅定地轉為：「現在，已經找到了！」

原來，我要找的靈魂終極歸屬感，就是透過連接阿卡西這個無極限的訊息場，以能校準高維神性、提升自我意識與能量的一種「方法」。各種我在阿卡西連接中接收到的洞見與指引，都帶領我逐步跳離生命關卡、因果課題與關係困頓，塑造我擁有更通透的思惟與內在力量。

⊙ 這就是靈魂的終極歸屬

每一次，從紀錄中下載的指引，都不斷打開我的視野與胸懷，啟發我的行事與智慧，強化我的意識與覺察，更讓我時刻都能與宇宙接軌，徜徉於浩瀚的全息之場中，無上喜悅。

自此以後，我感覺今生的旅程找到了依托與價值！這遠比我作為企業的總經理，還來得有意義多多多多多了！

之後，我透過為他人做阿卡西閱讀、教授阿卡西連接認證課程，從中獲致不同層次的觸動、洗滌、療癒、打開、啟示、勇氣、力量，與被無條件愛著的感覺；而我的這些收穫，適足以也是我的個案、學生們所同感的豐盛滋養。

⊙ 一次次的思辯與驗證中，臣服於阿卡西的全息實相

與此同時，我也從未失去中立理性立場，更不盲目吹捧阿卡西。畢竟，基於過去在職場中講求實事求是的經驗養成，以及我天生反骨、敢於挑戰真理的反性，使得我總會以客觀思辨、質疑求證的方

式，嘗試不斷推翻阿卡西紀錄閱讀中的訊息，以嚴苛檢驗其真實性與可信度。

為什麼我要這樣做呢？因為我認為，任何一種能影響他人的想法或門徑，它都必須是極度純淨、偉大中正、宏觀光明又具有實相性的；它只能引領我們，而不能迷惑我們。是以，嚴謹的把關，是絕對必要的。

而我一路以來，一遍遍推翻否定、存疑考證，卻挑不出阿卡西的毛病，反而一次次被阿卡西的神奇訊息、宇宙的神妙聖語，給徹底說服！我終於能十分確認，這些超感知、超維度的訊息，既不是怪力亂神，更不是虛假妄言。

這樣，我才願意繼續為自己、為他人進行阿卡西的閱讀連接，教授阿卡西閱讀師的認證課程；以及，我也才全然臣服於致力將阿卡西的個案故事，透過這本《神奇的阿卡西紀錄》，分享出來。

我期待任何一位讀者都在這本書中，找到屬於自己的領悟與豐收；將中心的源頭意識喚醒，揮灑精采的生命藍圖，見證靈性層面的全息實相，並活出最高階的自己，成為這美麗星球上揚升的光之子。

──補充說明──

＊關於案例故事

書中所有的個案背景資料，都在不影響案例啟發意義的前提下，做不同程度的些微修改，以最大程度地保護並尊重個資隱私，旨在做最純淨的分享。

＊關於插畫

繪者是 19 歲的新銳創藝家李恩儀（Madeline Lee），生於台北，成長於上海，現居溫哥華，就讀英屬哥倫比亞大學（UBC）視覺藝術系，副修心理學。3 歲接觸繪畫，置身多元文化環境中，不斷探索美學表達的豐富可能性，以及藝術如何啟迪人們對多維世界的理解，從而促進美覺的交流與共容。

因為阿卡西閱讀中收訊的畫面為能量的展現，而非清晰的圖象，繪者刻意以柔焦方式，精準地呈現能量的頻率波動，以更貼近 ONE 收訊中所感知畫面的實境！

Part 1 讓我臣服的阿卡西紀錄篇

對於阿卡西紀錄中的訊息，原本，我也懷抱著質疑⋯⋯

我是 100% 的「懷疑主義論者」！
即使二十多年來，
我沉浸在國內外各宗教信仰靈性神祕學術的大海中，
我不斷質疑、求證、推翻，再辯證⋯⋯
我將自己保持在不暈船、不隨波逐流的航向上，
警醒地持續找尋那盞代表真理的光明燈塔。

對阿卡西紀錄的閱讀，這一路上，我更絕不盲目，
自始至今，依舊秉持質疑地探索著。
我一邊存疑、一邊被高維當頭棒喝；
我一次次否定訊息，又一次次被震驚而折服。

這個單元收錄的，都是我很早期的閱讀個案。
我很慶幸在從事個案諮詢剛起步時，
心底的質疑，就像被源頭知曉一樣，收到了各種對應的解答。
讓我不斷在「震撼教育」中，獲得夯實的驗證，
於是，我不得不信，也最終臣服！

我邀請你，不用丟掉成見與懷疑，
但求請給你自己一個機會，空杯地看看這些案例。
或許，你也能從中收穫到我所獲致的震撼教育。

01 漫畫王中穿著西裝的女士

他一聲長長長長長長的尖叫，反倒把我嚇了一大跳。

他後面說的話，更讓我不得不相信，阿卡西靈魂紀錄中的高意識能量振頻，不僅會精準傳遞出讓我們折服的真相，這個訊息也揭露：高靈們當下很清楚地知道，案主對閱讀前半部所讀到的前世，是存疑的，所以拋出讓他不得不臣服的訊息，而也願意接收有關自己前世的資訊。怎麼說呢？

Billy 是早期的一線超級大明星。在他事業的顛峰期，與一位豪門大戶的女兒相識相戀而結婚。才子配佳人，不僅是各大媒體的頭條，當年盛大華麗的婚宴排場，政商影視界冠蓋雲集，更是羨煞所有人。

大明星 Billy 預約靈魂閱讀，主要是因為婚後妻子外遇，報章雜誌多次跟拍到妻子與不同男士約會的新聞，甚至還登上八卦雜誌的封面頭條。Billy 曾嘗試各種方法與妻子溝通，想挽回妻子的心，換來的卻是妻子的冷暴力相向；以至於近年來，兩人已經完全相敬如冰、形同陌路。

⊙ 她才是我的靈魂伴侶嗎？！

前陣子，大明星案主 Billy 在聚會中偶遇一位女性（A 女士），這女士跟他有聊不完的話題，兩人有許多契合之處，她也總能在他低潮時撫慰他的心靈。Billy 心裡隱約覺得，這個女士才應該是與自己相伴一生的人。他想知道：「A 女士是不是我終於遇到的靈魂伴侶？」

阿卡西紀錄簡潔迅速的回覆是：「她並不是你的靈魂伴侶。」

Billy 聽完，明顯不願意接受這個答案，他提高聲量、給出了不情願並帶著挑釁的質疑：「你怎麼就那麼確定她不是呢？前面閱讀的時候，你說看到我跟我老婆幾個前世輪迴中，有課題要面對，所以今生來再續前緣。但是，我們兩個根本就走不下去啊！而我跟 A 女士非常合拍，她才應該跟我有更多前世緣分吧？！」

Billy 便要求我也看看自己跟 A 女士的前世。

高靈並沒有提供他們前世的訊息，卻直接給了我一個很奇怪的畫面：穿著西裝外套的 A 女士，在非常破舊簡陋的「漫畫王」中，翻著雜誌……這其中，並沒有輪迴因果訊息。我把這些畫面與訊息，告訴了 Billy。

「啊……！你怎麼可能知道漫畫王的事？」

然而，這個突兀的漫畫王書店畫面，讓 Billy 發出了像文章開頭那長長長長的大聲尖叫……他以極度驚恐的語氣，急切地逼問我：「我沒有告訴過任何人，你是從哪裡知道的？」

他的問題，反而把我問倒了。

「我不知道啊！我只是看到這個畫面，而且我也不懂這畫面的意思……」我好似一個被誤會的小孩般，有點委屈地回答他。

Billy 像崩潰了一樣，再三追問這個訊息是不是我哪裡得到的八卦……在我鄭重地跟他確認，這真的只是閱讀中的一個畫面後，他才驚魂未定的說：「那是我跟 A 女士第一次的單獨約會。但是，知道這件事的，只有我跟她兩個人。我們沒有跟任何人提過，而你長年住在上海，你怎麼可能知道呢？！」

他的語氣中還是有濃濃的惶恐。此時，換我好奇地反問 Billy：「請問一下，你是個大明星，我可以理解你們第一次單獨約會要避開公眾場合，但是，你們竟然是去漫畫王嗎？」我覺得很不可思議。「而

且在紀錄之中，我感覺那間漫畫王，實在很簡陋很偏僻，完全不像是大明星會去的地方啊⋯⋯」

他逐漸緩和情緒並向我解釋。原來，在他們這第一次單獨相約之前，所有見面都是跟友人一起的，兩人間互有好感，但非常隱晦，朋友們也都並未察覺。他倆在「友達以上、戀人未滿」的狀況下，終於首次單獨出門，男方很清楚自己既是公眾人物、又是有婦之夫，必須低調而謹慎。

Billy 說：「我們也還不到那種正式約會或要發生關係的交情，所以只能找個地方，聚一聚聊聊天。但礙於我的身分，任何可能被狗仔跟拍的地方，我都得避開。那天，我載著她離開了都市，往偏僻的鄉間開去，漫無目的找了半天，只看到一間很普通的漫畫王，我知道這裡絕對不會有狗仔。於是，我們戴著帽子口罩，在書店的小包廂裡，翻書看雜誌地混了一個下午。而且，就像你看到的，那間小店，確實非常破舊。」

我繼續追問：「那，A 女士穿著西裝啊？」說到這，他的語氣又帶著驚悚地說：「是的，阿卡西太酷了！她那天確實穿著一件蠻正式的西裝外套。天啊！我還是覺得太不可思議了，你怎麼會知道⋯⋯太可怕了！」從 Billy 那持續高八度的音調裡，聽得出他還處在這個訊息的驚嚇中。

接著，Billy 跟我坦白：「好吧，我老實跟你說，你在前半段讀到我老婆跟我的兩個前世時，其實，我壓根也不相信！因為我無法求證自己的前世，所以我怎麼知道那是不是真的。但是當你說到漫畫王書店這件事時，我只能說，我不再存疑，我願意相信你讀到我跟老婆的那些前世訊息了。」

是的，這就是阿卡西紀錄讓他跟我都折服的地方。紀錄不僅安排先展現 Billy 與老婆的三世關係，甚至，源頭似乎很清楚 Billy 打心底

懷疑這些前世訊息；所以緊接著，從紀錄中拋出這只有 Billy 知道的漫畫王畫面，讓他在震驚之中，徹底臣服，並也願意全然相信自己跟現任老婆的前世因果。而我作為閱讀師，也同步被這環環相扣的巧妙安排，震撼不已。

原來，在閱讀剛開始時，Billy 劈頭就問與 A 女士的靈魂關係；但很奇怪的是，紀錄中的高靈們卻傳出「Billy 必須先問夫妻關係、才能再問這位 A 女士」的要求。

這要求不僅讓 Billy 覺得很莫名，我也很納悶：哪能這樣硬性規定案主，先問他根本不想問的、後面才能問他真正想問的……當時我再三與紀錄確認，但來自源頭的這個要求很明確又很堅持，我只好說服 Billy 照著做，即使這讓他問的心不甘情不願的。

⊙ 三生三世，得之不易的情緣

當我們一開始乖乖地照紀錄所堅持的順序展開閱讀，訊息率先跳出 Billy 跟老婆的兩個前世：在不同的時空場景中，他們是兩情相悅、相約要互許終生的一對情侶。

然而，這兩世卻都因為不同的事由，男方必須離鄉背井。兩人在依依不捨的臨別時相互許諾，一等到男方回鄉，就立即成婚。這份誓約，讓女方每天都期待，有一天心愛男人的身影會出現在村子口，一步步向自己走來。她相信，那是自己終會守來的幸福。

那幾世，畫面都在女方引頸期盼中，傷心孤寂地落幕，以悲劇收場。

而今生，他們幾世的期盼，終於修成正果而結為夫妻。只是，現世的關係卻延續了前世的能量脈絡：一方最終沒有真正得到對方的愛、一方無法信守婚姻的承諾。以至於在今生，雖然兩人終成結髮夫

妻，但是心，卻依舊是分離的。

前面兩世中，望穿秋水苦苦守候的女生，是 Billy；而遠赴他鄉遲遲未歸的男生，就是 Billy 此生的老婆。而今生，是他們相遇的第三世。

輪迴之鏡顯示：三生三世之約，何其美好與不易，但卻衍生了艱難的課題！

畢竟，女方整整兩輩子的漫長等待，從期待、擔憂、憔悴，到屈怨；原本的濃情蜜意，被歲月消磨殆盡；男方音訊全無，有他身不由己的無奈，也伴隨他最終負心的事實。這前兩世的「等待」、「背叛」、「情逝」，在第三世的各個層面，烙下了三種無形的影響：

一、在行為上：這段婚姻關係，還依循著過去輪迴中儲存的「分離」能量，而聚少離多。

二、在溝通上：前幾世一別之後的音訊全無，會導致夫妻之間的交流，也分外生疏。

三、在精神上：則因過去的承諾並未兌現，使得兩人今生的信任基礎薄弱，甚至隱約有莫名的敵對，貌合神離。

⊙ 首要任務：處理三世的婚姻學分

面對如此困難的現狀，讓 Billy 束手無策，而想逃到那位 A 女士的世界裡。但訊息卻不斷指引他，要先好好處理今生終於成為夫妻的可貴關係。

也正因為如此，Billy 所問的那位 A 女士，並不是、也還不能成為他的靈魂伴侶。

顯然，這一世的婚姻課題，被安排成了他跟妻子間待完成的主

修學分。當一方開始對前兩世關係中的負面印記梳理、校整、改寫，那麼，積極的可以圓滿這三世以來得之不易的夫妻關係；消極的也至少能將兩人過去互相背離的情愫，透過釋放，回到平衡。即使做不到白頭偕老，也不用在下輩子繼續糾纏。

閱讀後，Billy 表示因為知道了前世糾葛，他將帶著多一份的理解，去珍惜今生終能與妻子結為連理的機會；自己會再多多努力，嘗試修復與老婆的關係。

心靈即時通

* 人世間不可告人的祕密，即使他人不知，但天知地知啊！而且，只要發生過的，也都會被記載在阿卡西靈魂訊息場之中。

* Billy 的閱讀中，紀錄之所以揭露這不為人知的漫畫王祕密，目的是要讓他「全然的相信」！他才會因為相信，而心甘情願地面對此生最主要的「三生三世夫妻課題」。

* 今生很多狀況可能是源自於前世的深遠影響，我們得以在阿卡西閱讀中挖掘到事件背後的根本因果，從看到它、理解它、接納它，然後開始處理它，才能最終放下它、超越它。

* 當 Billy 對輪迴紀錄的存疑因著漫畫王訊息而掃空之後，是否會認真地面對今生親密關係的課題？這個決定權，還是掌握在他自己的手上。

* 以一世的夫妻關係，去修補兩世的未果（也或許並非這一世就能修復完成）。夫妻一場，且行且珍惜。若確實努力了，但發現仍無法繼續，也請平和分手，互相真心祝福。

* 在任何一種靈性連接之中，前世訊息幾乎是無從考證的。作為一位很愛辯證的閱讀師，我可能比案主更渴望得到阿卡西訊息的印證。

從這次讀到案主「祕密」去漫畫王的案例中，反向地驗證了案主的前世訊息。不只是 Billy，這也是我第一次對阿卡西紀錄訊息，深深的佩服與相信。

02 預告上海的 Farewell Party

　　Charlene 是一位談吐優雅的新加坡人，她與法國老公在上海市中心的華山路，開了幾間高知名度的正統法國餐廳，甚至吸引法國前總統來上海參訪時慕名特來用餐。

　　Charlene 跟老公育有一對剛上小學的可愛混血兒，姊妹的中文、閩南語、法文變換自如，在上海的學校如魚得水。只是，夫妻總希望孩子的童年能遠離繁華喧囂、回歸自然純樸。所以他倆最近升起回丈夫法國鄉下老家開餐廳的想法，一方面給小孩更開放的教育環境，二方面也享受鄉野更有品質的生活。不過這是個重大的改變，老公的家鄉並非國際大都市，可想而知，餐廳的業績體量一定會縮水。

⊙ 想回法國，又害怕回法國……

　　但這可是個重大又艱難的決定！畢竟丈夫在上海開的餐廳紅紅火火；回法國老家，一切的努力都要歸零。Charlene 說：「在上海，我要幫老公打點店裡的管理與財務，平日做飯打掃接送小孩，則由大陸阿姨接應；而如果回法國，支援老公店務的事一樣都少不了，但大小家務和照顧孩子的工作，全會落到我身上。一想到這點，我就頭皮發麻！」確實，搬離上海，Charlene 要從少奶奶變成身兼數職的老媽子了。

　　所以，Charlene 家庭面對的兩個抉擇：1. 回法國，生活儉樸教育開明，但生活會比現在辛苦；2. 留在上海，繼續都會的快節奏，享受繁華與高收入。這兩者都有利有弊，沒有一定的對或錯。

⊙ Farewell Party 告別派對的未來畫面

請問，哪個是對 Charlene 家庭最好的安排呢？我讀到溫暖愉快的「告別派對」畫面：時間點大概是在不久的一年以內，她會舉辦一個「告別上海」的派對。派對上 Charlene 請來了親近的好友（其中有很多外國家庭），場地稍微布置過，看來挺溫馨精緻的，還有為小小客人而規畫的遊戲道具。大家都很珍惜這場聚會，以開心歡欣的氣氛，取代了依依不捨的離情。

同時，在紀錄中可以很清楚地感覺到，即使回到法國老家，從絢爛歸於平淡，夫妻倆都會覺得，這個決定是值得、明智又欣喜的！

在阿卡西靈魂紀錄之中叩問未來，我們會被帶領至靈魂的全局場中，看到生命的各種脈絡，以及其中最有利於我們的發展性；並認知到，絕大部分的命運組成，是我們手中所掌握的創造！

從我一萬多次閱讀個案的經驗中發現，紀錄的高維存有們，更支持我們做自主的選擇與決定，親自掌舵人生之船，並承擔起所有責任！而不是失去自己、仰賴算命，把人生劇本當成一部照表操課的過場。

所以即使讀到他們要離開上海的派對訊息，我同時也向 Charlene 分析：「雖然收到『預告』，表示這條脈絡有很強的能量牽引發生可能；但是，這不代表你一定要 100% 照做！紀錄給我的感覺是：你的未來除了這個可能，也還有其他很多敞開的選項。」

我繼續解釋：「阿卡西紀錄的靈性觀點，總是希望我們能拿回自己人生的『最終決定權』。」Charlene 思考了一下，很快地提問：「紀錄給出了這樣的指引，我還是可以自己決定不要離開上海，是嗎？」

「當然！阿卡西紀錄閱讀的存在目的，是提供挖掘、療癒、智慧、指引，以加速靈魂進化。但絕對不是要綁架我們，讓我們喪失自

主力量。」

Charlene 有點激動地說：「這個訊息讓我很感動，也感覺很有能量！原來，我擁有決定自己未來的選擇權！」是的！只要 Charlene 考量清楚，她可以訂製自己想要的各種未來（包含「告別派對」，也是 Charlene 為自己而訂製的）。

半年後，Charlene 打電話給我，她雀躍地告訴我：「ONE，一個多月後，我們全家要搬回法國了！我想邀請你來參加『Farewell Party』！」我很為 Charlene 高興，因為她告訴我決定離開上海的原因，並不是因為上次閱讀訊息的關係，而是受到紀錄訊息的啟發和鼓舞，她跟老公深思熟慮後，自主負責地為人生最終做出的勇敢決定！

這表示，這是他們自己創造的新人生脈絡！（只是，這脈絡碰巧與紀錄所預先揭露的一樣）！

雖然當天我因為有事而無法參加派對，然而看她事後發的照片，那似曾相識的場景，就如同半年前閱讀中所見般地歡樂溫馨！我看到 Charlene 對於搬到法國展開的全新生活，滿懷期待，胸有成竹，眼中閃著亮光！

心靈即時通

* 有時候，我們心中，根本很清楚自己要的是什麼。只是我們需要一個「確認鍵」。而阿卡西靈魂紀錄中的藍圖指引，就是那個給我們信心按下 Enter 的「確認鍵」！請不用懷疑這個「預告」！

* 人生，有不間斷的取捨。所有的取捨，都沒有一定的對錯。盡情享受自己的取與捨，並全然為承擔負責、享受其中，這樣就好！

* 如果對自己的決定後悔了，沒問題！再重新選擇吧！記住，也要盡情體驗自己的新選擇喔。

> *踏出每一步，都要有勇氣。這份勇氣，不為一己私利，不為個人榮
> 華富貴，而更多是為了家人或他人的最佳利益時，那這份勇氣，就
> 純真無瑕，也會有如天助！

後記

　　在真實版溫馨 Farewell Party 後的一年多，Charlene 分享了她們一家的現況：「當初放下上海的一切、回法國的決定，真是太太太正確了！雖然歸零之後的重新出發，確實很辛苦，要找學校、找房子，還要找餐廳地點、找員工、裝修等等，然而，幸運的是餐廳已經啟動了，經營也上軌道了！我們跟小孩對現在的生活狀況，都感到非常開心。」電話這頭的我真的為她感到驕傲與高興！

　　「現在正值法國暑假，我們租了一台大型旅行車，自駕遊地探訪歐洲各個國家。我們正在旅途上，我剛好想到你，迫不及待地想跟你分享我們全新人生的喜悅現狀！」

　　聽著 Charlene 充滿幸福感的高昂語調，我深深相信，這樣的生活方式，正是她們想要的！而我也知道，能勇敢地為自己人生做出自主決定的人，不論是否依照紀錄的指引前行，一切都會是精采又燦爛的。

這個透過阿卡西紀錄連接與房子溝通的案例，讓我驚訝地發現，在萬物皆有靈的法則之下，其實房子也真的會有自己的心情、喜好，甚至與屋主之間有很好的共振與關係建立。

案主 Cindy 正在創立自己的公司，再加上家裡上有老、下有小，中年創業是很大的挑戰，「能省則省」當然是至高準則。Cindy 想嘗試透過阿卡西閱讀，與房子溝通，得到一些可以更順利、更快速把房子賣掉的參考資訊。

⊙ 跳過仲介，能賣掉房子嗎？

在台北，賣房子幾乎都要透過各大房屋仲介公司，很少人能成功地靠自己把房子賣掉。然而，Cindy 卻計畫要跳過仲介，自己賣房子。為何呢？為了籌措公司的啟動資金，取得最大的賣房金額，所以她想把仲介費也全部省下來……雖然這聽起來難度極高。

在當地市場，幾乎沒什麼自己賣房的案例。因為，就算技術上可行，但也要遇上願意配合的買方。通常買方會擔心合約糾紛或遇到詐騙等，而寧願透過正規的房產仲介公司做買賣。更何況，Cindy 的房子單價不菲，並不是好脫手的小戶型，連 Cindy 自己對於是否能成功把房子賣掉，都十分忐忑，毫無把握。

有了這樣的背景，我進入阿卡西的連接之中與她的房子溝通，來問問房子「本人」，如何才能夠讓這間房子順利地、以 Cindy 理想的方式與價位賣掉呢？

首先，在進入到與房子的能量連接時，這間房子給出來的訊息

是，它非常喜歡屋主 Cindy 的女兒！家裡有這個可愛的女孩，它很開心！所以，當知道 Cindy 一家人計畫要賣屋搬家時，它傳遞出來的感情是：很捨不得他們，尤其是屋主的女兒。

⊙ 情感豐富又個性鮮明的房子

Cindy 聽到這裡，以訝異中帶有一絲絲感動的語氣說：「天啊，我女兒也是全家最捨不得賣房的那一位。」然而，草創公司需要資金，她無法動搖賣房的決定。所幸因為全家都很習慣這裡的社區環境，於是她計畫是到附近租屋，因此 Cindy 承諾，以後可以時常帶女兒散步經過，來看看這個房子（即使只能從樓下往上看）。

當傳達 Cindy 的解決辦法之後，這個房子給出來的回應是：「喔～這樣子也可以的！即使她是到樓下看一看，我也心滿意足。」

超酷！接下來，Cindy 繼續問，那還有什麼其他的需求，可以讓房子更順利找到最適合的買家嗎？

這時，房子傳遞出另一個出乎我意料的訊息：它很喜歡屋子裡飄滿屋主做西餐的香味。於是，我問 Cindy：「你們在家是否會做西式餐點？」

聽到這個奇怪的問題，Cindy 帶點疑惑地說：「會啊！但這跟賣房子有什麼關係？」

屋主 Cindy 表示，自己之前任職公司的主要客戶都在歐洲，所以她時常去歐洲開會、出差、辦活動；久而久之，自己也吃慣了歐式食物，回家就偶爾會做些西式美味。

「房子『本人』表示很喜歡屋主做西式餐點時的那種香味！」Cindy 聽完之後哈哈大笑地說：「沒問題，我會記住這一點，今天開始盡量多做歐式餐點，讓西餐氣味滿屋飄溢，就當作是跟房子愉悅

say goodbye 的儀式吧！」

「嗯，對的！就是這個用意。」我這樣回答她。收到上面的訊息之後，似乎 Cindy 小姐賣屋已經得到屋子本人的支持了。於是，她繼續追問了關鍵的問題：那屋子大概何時能成功賣掉呢？

連接之中，出現了溫度感覺，那是一種大概 35 ～ 36 度左右的環境溫感，就像仲夏的天氣。

⊙ 大熱天是賣房時機點

這個諮詢案是幾年前的 3 月中，台北 3 月的平均溫約 20 度，以此推測，賣屋子的時間點可能會是 7 月，因為台北夏天才會有 35 ～ 36 度的高溫。

然而，過了一個多月，Cindy 興奮萬分地聯繫我，迫不及待地分享自己賣掉房子的喜悅。

Cindy 說：「ONE，我要告訴你，整個賣房子的過程，都太不可思議、太神奇了！」

對於自己貼廣告單賣房子這件事，Cindy 本就非常忐忑，而且，她發現同棟樓竟然還有另一戶類似的房型，也在售屋，相比之下：「我每坪的賣價比那個房子還要高，光就這點，我自己都覺得誰會來買我這間貴的啊？！」

再加上 Cindy 這間是屋主自賣，對方是找正規的仲介公司。沒人上門來看房子……這也是意料中之事。

然而就在某個週末，有位意向買方去看了同棟那間委託仲介公司銷售的房屋，這位買方看到了 Cindy 自己張貼的出售廣告，於是，買主就順道坐個電梯來看了 Cindy 的房子。看完後，這位先生什麼都沒說沒問，就這樣走了。

這讓 Cindy 心中咯噔一下，更沒底氣了。然而，她總想起之前那次的阿卡西閱讀，就好像一種無形的力量，讓 Cindy 深層的意識總能回到平靜中，並堅定的相信：事情會順利發展的！

⊙ 竟然成功賣了房子

幾天後，那位順道來看屋的買方，竟聯繫了 Cindy，表示自己想帶家人再來看一下房子；這通電話，讓 Cindy 希望爆表。不過，僅僅是一組人看屋，就能把房子賣掉？這也不太可能吧，「我需要更多有興趣的買方啊！」Cindy 這樣想。

然而，萬萬沒想到，就在那個週末，那位先生帶著家人看完房之後，決定買下 Cindy 的家，並立刻付了定金！

各位可以想見，Cindy 在描述這經歷的過程中，每句話都帶著興奮的語氣與不可思議的驚呼尖叫！對的！Cindy 真的跳過仲介、全靠自己，成功地把房子賣了！而且，更神奇的還在後面！

屋主下訂時是在 5 月天。而歷年來 5 月台北的平均氣溫是 23 ～ 28 度間，並不會到 36 度的，然而，之前紀錄讓我感知賣房時機點會是在溫度約 36 度時。

想到這一點，我疑惑的問 Cindy：「啊！對了，我記得之前在閱讀中，感覺應該是要到 35 ～ 36 度的夏天，才會賣掉啊……」Cindy 壓低激動的嗓音回覆我：「這一點就更神奇了。你知道嗎？我賣掉房子的那幾天，台北忽然飆起高溫潮，超熱的，溫度就正是 36 度左右呢！」

這證明了，即使是非人類的萬事萬物，也都能透過阿卡西紀錄閱讀，進行一定程度的溝通，獲取有用的訊息。就這樣，在一個炎熱高溫的 5 月天，房子，成交了！

* 通常與房屋的溝通，訊息獲取都跟我們腦子裡想的「它們可能怎樣……」存在蠻大的差異。只能說：我們真的應該好好地去重新認識自己的房子！

* 相對於人類，房子的訊息會簡單得多。語言單純、表達快速、溝通容易、態度配合……房子（至少以我目前諮詢過相關個案的比例來說），可說是振頻乾淨而穩定的有靈體。

* 全世界的每一個原始民族，包含美國的印第安人、台灣的原住民、歐洲的薩米族人、紐西蘭的毛利人，即使處於不同地區、生活條件也不盡相同，但都不約而同地敬畏宇宙天地，順應大自然的規律與力量，對於天地萬物的靈性意識，有著深切的交流與感應。

04 兒子真的進美國學校了！

　　朋友介紹來閱讀的凱欣，跟我一樣，是在上海待了很久的台灣媽媽。因為丈夫工作異動的關係，他們舉家搬回了台灣。除了安置住家之外，回到從小長大的家鄉，生活方面一切都立刻上了軌道！只是，兒子的就學問題，成了他們夫妻倆最大的擔憂。

　　凱欣的兒子一直以來在上海就讀的是國際學校，中文可以日常溝通，但已經完全無法融入台灣的升學體系。所以他們必須找到合適的國際學校，讓高一的兒子能無縫接軌，得以在高中這幾年繼續所有申請國外大學的準備。多方探訪與考量後，台北美國學校 TAS，成了他們的首選。

⊙ 有錢也進不去的學校

　　了解台北美國學校的人都多少聽過，這個可說是台灣最搶手的國際學校，入校門檻極高，是那種「有錢也未必能進」的學校。因為太多望子成龍望女成鳳的家長，願意或有能力的，都千方百計想把孩子送進美國學校這最正統的美國教育體系，便於順利銜接國外大學的國際求學之路。

　　這擠破頭申請入學的狀況，致使為保障教學品質而本就招生額有限的美國學校，不得不逐年調高入學資格的門檻。所以招生條件中就有一項嚴格的規定：入學子女必須擁有美國或其他外國身分，且包含父親母親雙方，也都必須是美國或外國人。

　　美國學校的入學高門檻，這我是知道的，所以當案主凱欣講到想把兒子送進美國學校時，我問她的兒子、她與丈夫有沒有國外身分？

因為，如果沒有的話，想進這個學校……幾乎是不可能的。

凱欣告訴我，兒子是當時夫妻倆在國外讀書與就業期間出生的，所以兒子有國外身分。但是，凱欣與丈夫都只有台灣護照。「那哪有可能啊！」我在心理這樣想，「這還需要問阿卡西紀錄嗎？」連我也覺得這問題非常棘手，甚至是無解的。

於是，我以為紀錄的光之存有們會告訴我，讓凱欣放棄申請台北美國學校，轉而選擇其他也挺不錯的國際學校之類的接地指引……

然而，紀錄卻先給我看到一個畫面：凱欣的兒子，人就在台北美國學校的校園裡，跟幾個要好的同學很融入、很開心聊天的畫面！

⊙ 紀錄中這男孩就在學校裡

畫面的運鏡中，我是站在台北美國學校所在的中山北路上，由外往裡看，視線穿過美國學校大門，我看到凱欣的兒子就在校園裡！當然，我並不認識也沒看過她兒子，然而訊息給我感覺，這位在校園中帶著微笑走動的大男孩，就是凱欣的兒子……所以，凱欣的兒子可以進美國學校？這幾乎、根本、完全、鐵定、絕對不可能啊（請容我必須使用這麼多詞語以加倍加重地強調）！

我不自覺地晃了晃頭，甚至要求紀錄把前面的訊息清空！請紀錄重新給我正確的指引訊息。

然而，還是類似的畫面，並進一步讓我感知到，凱欣兒子在校園中非常適應！雖然轉學過來無法一下子跟所有的同學打成一片，但他很快地交到幾位特別同頻的新朋友，而讓他立刻習慣了新的學校、新的團體、新的生活。

「這，怎麼可能？！」我的心裡還是一個勁兒的懷疑！

作為阿卡西管道的閱讀師，在連接時，我們並不會也不應該像傳

統的靈性管道、靈媒那樣，把自己交託出去，允許被「附身」，而暫時性地「丟失自己」。不會的。

阿卡西紀錄場域能量極為純淨、安全、高頻，充滿光與療癒之愛，具有高維視角與智慧；紀錄之中的這些光層次的導師們、存有們，絕對希望閱讀師與個案，都是在持有個人自主意識，得以對訊息做出分析判斷、吸收反芻、進一步提問、維持中正純淨的情況下，讓閱讀師能意志清明地傳遞訊息，也讓案主能頭腦清醒地消化訊息！

因為紀錄中這些宇宙級的老師們，都期待能透過每一次閱讀，與我們展開一場場殊勝、有意義又平等的神性對話，以支持每個人靈魂的成長，甚至臻至開悟與揚升。

所以作為訊息傳遞者的我們，必須同時擁有清晰的自我判斷，又要精準校對紀錄的宇宙意識。這就是為什麼，我們可能會在收到訊息時，出現像這個案例中我不斷質疑的「天人交戰」情況！

因為凱欣夫妻倆都沒有持外國護照，再加上前一陣子，我另外一位同樣狀況的朋友，申請入校失敗，所以我的理智腦由此推斷，凱欣的兒子怎麼可能進美國學校呢？！

但，經過我的反覆質疑，訊息還是堅定地給我「凱欣兒子就讀台北美國學校的畫面」，我只好轉一個方向，跟隨訊息進一步詢問：「如果他真的能進美國學校，那麼，致勝的原因是什麼？或者，他們需要做些什麼以讓奇蹟發生嗎？」

⊙ 努力行動，能將夢想投射在未來

訊息立刻轉到，讓凱欣能如何把 mission impossible 變成 mission possible 的指引上：「凱欣必須到學校露臉！」也就是她要排除萬難，在正式招生程序啟動之前，先到學校會一會招生部的負責人員，向他

們表達自己很期望進學校的意願。

「就這樣？」我的理智又繃出了對訊息的質疑。

但是基於一個管道的職責，我必須再向內深挖，於是我感知到，凱欣具有一種特殊的、能匯聚人氣的「感染型能量場」，如果她能提前到美國學校招生辦露個臉，即使她的出現一開始是尷尬、突兀的，但因為她的出現，影響了招生處人員對她兒子的評估，而產生一種很好能量的凝聚。那股能量，在辦公室之內流動、匯集。

這表示，凱欣的出現，能極大程度地給招生辦留下良好的印象（主要是對這位媽媽的好印象），並拉高兒子入學的成功機率！

凱欣聽完我盡可能的詳細解說後說：「可是，美國學校是不會接見我們的！除非是進入正式招生的程序，由學校通知我們去學校裡面試，才有可能見到招生處的人。不然我們根本約不到裡面的人啊……」我知道凱欣說的是實情。然而，紀錄就是這樣說的，所以我鼓勵她盡量多方找辦法，即使厚著臉皮，即使不講武德，也都要竭盡所能地努力露臉！

畢竟，我確實感覺到，當凱欣出現在招生辦的那一刻，一切都出現了充滿希望的、關係流動的、被幸運眷顧的、朝著好方向發展的大大轉變！

於是凱欣只能勉強地說：「好的，我會努力試試看！就只要這樣就好了？你確定不是讓我老公去嗎？我覺得我老公比較能鎮得住場……」

不！雖然確實也感知到，凱欣老公的能量平穩、和諧，也讓人舒服，但是，卻少了凱欣能量場中那種奇特的「呼風喚雨」的聚攏力！

當然，訊息也有提到，凱欣可以帶著兒子、拿著自我介紹與學習成果，提前呈交給招生辦人員。然而，我再次感覺到：她的兒子與成

續單，真的都不是重點，重點還是在凱欣身上！

⊙ 媽媽的行動，讓夢想成為事實

幾個月之後，凱欣打電話給我，超級興奮地說有個天大的好消息，一定要告訴我。電話那頭，她高亢的聲音中喜悅溢於言表：「我兒子真的進美國學校了！真是太太太不可思議了！我跟我老公都好高興，真的要謝謝你的閱讀，真的⋯⋯」

我聽了也不敢置信！因為，即使那天我傳遞完了訊息，但事後我的腦袋還是想著：「這還是不可能啊⋯⋯」沒想到，這 impossible 不可能，竟然真的變成 possible 可能了！

我同感喜悅、興奮得就好像是我自己的小孩進美國學校一樣！同時，我實在好奇：「可是妳跟妳老公都不具有國外身分，到底是怎麼能進去啊？是因為現在入學門檻放寬了嗎？」

凱欣更激動地說：「沒有，門檻還是一樣嚴苛！但我也不知道為什麼，我們竟然幸運地被錄取了！」凱欣進一步解釋：「然而，我可是真的有努力地照你所說的做喔！在他們正式對外招生前跑去辦公室，跟招生辦老師打招呼、自我介紹、提交兒子的資料，還小聊了一下！我真的有乖乖地做到這些！」她喜上眉梢地放聲說：「然後，經過轉學考試面試後，我兒子就真的拿到台北美國學校的入學通知了！」

這位認真又辛苦的媽媽凱欣所付諸的行動，就像是撬動命運齒輪開始轉動的重要樞紐！即使只是她一個小小的舉措，卻能創造大大的奇蹟！

這真是一個完美的結局！後來凱欣也時不時告訴我，兒子在學校確實就像當時閱讀到的那樣，短期間雖無法與所有人打成一片，卻也

立刻交了幾個很對味的好朋友，他們幾個會一起到家裡寫作業、興趣交流、打球運動，凱欣說：「兒子非常滿意現在的高中新生活！」

* 永遠不要為自己設限！絕大多數的時候，命運是掌握在我們手裡的！所以，「相信自己做不到」的信念，會讓我們毫無懸念地與幸運和機會，擦肩而過！

* 案主在閱讀後，時常都會非常感懷地謝謝我。這時我都會告訴他們：「不用謝謝我喔！你要謝謝的是你自己、還有謝謝高靈們！」因為，我只是這偉大療癒過程中的轉譯者！

* 每次阿卡西閱讀的發生，都是出自案主的預約！是他們自己預約了這讓自己重獲力量、療癒成長、收穫智慧指引的閱讀！所以他們第一個要謝謝的，是發出閱讀請求的自己啊！

* 這位媽媽凱欣，雖然也無法確定訊息的指引是否真的能把兒子送進美國學校，然而，她確實積極地去實踐、付諸行動，就是從這點開始，啟動了一家（尤其是兒子）的命運改變。

* 阿卡西既是高頻的能量指引，能投射未來藍圖；然而，這未來，會需要三維的我們，在行動上投入與之匹配的工作。這樣，美麗的未來藍圖才能透過我們的參與，美夢成為真實！

* 我們絕對不能在收到訊息之後，就坐地乾等！若沒有投入努力，那麼再絢爛的藍圖，也會萎縮、薄弱、甚至消失。

* 畫螢光筆重點的阿卡西實相：即使某件事是我們生命中的必然發生，也請積極地爭取、追求、實踐；我們才能收穫這個未來藍圖的100%，而不是僅持有其中的10%。

Part 2 因果輪迴課題篇

每個人，都有一堆想突破卻束手無策的困擾。
通常，它們正是我們需要處理的因果業力。

阿卡西紀錄視角中的因果業力，
絕不是讓我們恐懼、受限、苦苦償還的大怪獸，
它只是我們能量失衡的呈現，或關卡課題的重修。

若你受到傷害，你要先愛自己以真正的療傷；
若你有關係上的交惡，你要去和解或寬恕；
若你內在懦弱退縮，你要無懼衝突、拿回力量；
若你感覺局促受限，你要勇敢蛻變，即使只是一點點；
若你總重複類似的模式，你要調整意識、敢於創新……

阿卡西閱讀能探索你困擾背後的各層成因：
也許，那是你靈魂早該更新的老舊信念；
或者，那是源自前世輪迴中某個事件的能量衝擊；
又或許，那只是你為自己設定的靈魂加分考驗！

05 TRON，由電影揭示的因果課題

Kim 有一份很新潮前衛的職業，她是 DJ！有時應邀去 Pub 或是活動現場當 DJ 放音樂，也會發布自己創作的單曲。

閱讀 DJ Kim 的過程，簡直就像是在看電影一般！

首先，在連接 DJ Kim 的阿卡西紀錄、還沒進入到提問階段，我就收到了一則非常奇怪的訊息。畫面是迪士尼一部很知名的未來科幻電影《TRON》（譯名《創：光速戰記》或《創戰紀》）的場景。

當時我覺得很奇怪，難道是我最近的經驗跑出來干擾了？不對啊，這部電影是 2011 在亞洲上映的，如果不是在閱讀中出現這個電影畫面，我根本不記得自己看過這部電影。

我在紀錄中確認：這電影中的畫面，跟這位案主有關嗎？

紀錄所投射出的電影畫面，是男主角誤闖未來世界後，被帶到一處比賽廣場，參加一場與未來人比拚的死亡競賽遊戲。（那場景就像古代的羅馬競技場：被俘虜的敵人或犯人，手無寸鐵地被丟進廣場中央，與威武的戰士對戰，或被巨型的猛獸攻擊。）

紀錄錨定在電影那段史詩級的未來摩托車特效劇情中：男主角臨陣上場，學習騎乘高科技的摩托車，跟對方車隊互相競飆。

⊙ 被孤立的 TRON 戰士

坐無虛席的圍觀群眾，都是充滿敵意的未來人，他們打心底瞧不起男主角，場中充斥著群眾的野蠻叫囂、唱衰鼓譟，與落井下石的獸性發洩。

戰鬥力明顯弱勢許多的男主角，一個不慎就可能被殲滅。他每次摔車、失誤，全場就響起歡聲雷動，他們無不期待男主角下一秒就被 Game over。

紀錄畫面中可以很清楚地感覺到，男主角在陌生的場景中被群體鄙視，他不知所措、恐懼無助、腹背受敵。

接著訊息顯示：是的，電影中在未來競技場中被孤立的男主角，就是案主 DJ Kim。

我先把這些訊息放一邊，然後請 Kim 說說她想透過阿卡西靈魂紀錄閱讀探索什麼。她告訴我，自己有嚴重的「社恐症」。

蛤？她的音樂總能讓大家 High 起來！讓人絕對想不到，DJ Kim 竟有「社交恐懼症」。

從她的描述中聽得出來，她對與人接觸有莫名的惶恐，就算硬著頭皮與人見面，不論是一群人或者是一個人，她都會出現全身僵硬、恐懼害怕、很想逃跑的狀況，更無法順暢地與人交流。

⊙ 源自因果的社交障礙

DJ Kim 因為害怕與人交流，所以在平日的社交上，自己就像是空氣一樣可有可無，被邊緣化的現象時常有之。

雖然作為 DJ，她只需要專注在自己的創作世界中；但久而久之，Kim 覺得自己好像被封印在囚室中一般，也讓工作發展多少受限。Kim 想知道，自己如何可以超越這個障礙，在社交團體中找回自信、自在，她也渴望讓自己突破，以利於事業的成長。

在 Kim 描述自己問題的過程中，電影《TRON》的競技場中被圍觀群眾排擠的劇情，繼續展演。於是，我問 Kim：「妳有看過《TRON》這部電影嗎？」

Kim 被我這個問題問得摸不著頭腦，我理解！因為這個問題實在跟她的困擾，很不搭嘎。

Kim 說：「我沒有看過。」「好，沒關係，」我試著描述電影中競技場的橋段，並告訴她：「訊息傳遞的是：妳，就像是電影中的男主角！你的社恐障礙，源自於過去曾處於電影競技場中一樣的經歷，外界集體對你的傷害，導致你作為 Kim 這個人，也會在人群中舉步維艱，感覺孤立無援，形成這一世的社交障礙。」

此時，紀錄繼續播放《TRON》電影中男主角最終找到並肩作戰的戰友，並獲至最後的成功。同時訊息也表示，「妳並不需要強行討好每一個人，硬逼著自己成為長袖善舞的公關人。妳會找到跟自己靈魂契合的人，即使只有兩個人（如同電影中的情節），那也很好！交心的人，不在於多而更重於質！」

⊙ 夥伴不用多，也能獲致成功

Kim 必須知道，自己是能遇到相知夥伴、走向光明此生的第一主角。這個指引要 Kim 放下自己社交恐懼的困擾，並跳出與人接觸的懼怕與疏離感。

Kim 聽到這裡，有種被啟發的激動，她說：「好！我要去看一下這部電影！」我點頭如搗蒜地回答：「是的，紀錄訊息裡確實反覆強調，請妳一定要看這部電影！」

從電影版的訊息中、從全息宇宙概念裡帶著 DJ Kim，明瞭自己「不需要迎合他人」，也不用糾結自己的社恐症。她只需要專注在自己工作的精進上，有一天她會遇到知音、得力的夥伴，協助她的事業更上一層樓。這些訊息，讓 DJ Kim 信心倍增。

原來，我們每個人都是自己劇本的第一主角！然而，絕大部分的

人並不知道，甚至，知道了也不敢相信：「我真的是那麼棒嗎？我真的不用徹底改變自己嗎？我真的能掌握更好的未來嗎？」

　　導演、觀眾與其他演員都一致表示：「是真的，你是。請不用懷疑！」

心靈即時通

* 阿卡西紀錄的訊息傳遞有各種方法。想不到也能夠藉由電影劇情，精準地傳遞出來。

* 輪迴中曾經的經歷，即使已是過去式，然而依舊會以能量的形式儲存著，並持續影響我們。唯有我們找到它，並從我們的心智中重新定義這個經歷，才得以有勇氣掙脫這過去能量的束縛，並建構新的能量結構。

* 群體有時候會是盲目的。若自身有無法融入群體的狀況，這未必是我們的問題。如果你願意自外於群體，走出自己的路，你或許就是群體中的先行者。

* 真正同頻的靈魂伴侶，未必要是很多很多人。當你遇到他們的時候，你的心，會知道的。請記住，同行的靈魂夥伴，重質，不重量。

* 人的每一世，都有不同的劇情展演。不論今生手上是何種劇本，請記住：你都是自己人生的「最佳主角」。

06　她是我繼母

在阿卡西的新靈性觀點中可知，生命中特別重要的相遇（尤其是令人痛苦的關係），多少都隱藏著源自過去世懸而未決的自我課題。這些課題的能量，會在輪迴中被重新設定，透過新的關係被牽引出來，讓我們重修一次。

下面這個閱讀案例，就是前世女孩與繼母的負能量關係，在今生經由員工與主管的關係中，再度顯示出來。

Coco 在第一次找我閱讀後不久，又預約了這第二次的閱讀。通話一開始，她先告訴我，今天的問題常久以來讓她極度困擾，她曾尋求各種方式，想找到讓自己不再受創的辦法，包含心理諮詢、算命、通靈、塔羅……等，但都無法讓自己從中走出來，得到真正的釋懷。所以她期待透過這次閱讀，完全化解。

這困擾她長久的問題，就是前主管對她的職場霸凌。幾年以來，日復一日，所有你能想到的方式一個都不漏：言語上的譏諷暴力、無視她的存在、人身攻擊、攔截她的功勞、不公平的壓榨對待、針對性的打壓踩踏、各種誤解與不信任……

即使一年多前 Coco 便因為不堪其擾而離開了那個工作，但這被莫名為難的經歷，仍像鎖鏈一樣地束縛著她，並深深的刺痛著她。

⊙ 職場霸凌後遺症

Coco 在說明當時自己是如何被主管各種荼毒時，還是忍不住地委屈落淚。聽得出來，當時的隱忍與痛苦，依然歷歷在目；而更大的傷害是，她竟因此懷疑是否自己真的做得不夠好……

然而，她也分析，一直以來在工作上她都非常盡責且表現優異（因為其他公司的主管、老闆，都對她給予高度的肯定、器重與提拔），所以，為何單單那位主管如此鄙棄她，她實在百思不得其解。

在 Coco 情緒激動的表述之中，阿卡西紀錄顯示了一個 30 年代左右美國中部尋常家庭的畫面。主角是高中生女孩。感覺她的母親離世、爸爸續了弦，所以，她平凡的生活中，憑空多出了一位繼母。

⊙ 前世的繼母，今生的主管

這女孩正值青春期，有著自己的邊界、叛逆與倔強。她覺得這個女人搶走了原本與自己相依為命、有著共同關聯媽媽回憶的爸爸；再加上，這位繼母並沒有因為女孩不是親生的，而多點雙標妥協，反而是以嚴厲的方式管教女孩，這使得女孩不但怨恨她，進而處處反抗她。

紀錄中讓我感受到的是：前世叛逆期的女孩就是 Coco。那位繼母，就是今生在職場上霸凌 Coco 的前主管。所以，是繼母對繼女不好，這種關係延續到今生？

不！不是這樣的！

從紀錄畫面中我感知到的是：其實繼母想做一個盡責的家長，她對女孩的所有管教，是根基於她「視女孩為己出」，完全沒有個人喜惡；她不但真心想為新婚丈夫分憂解勞，也想真正盡到為人母的職責。訊息指出，這位繼母所做的一切並不討喜，但卻全然是出自無條件的愛！

⊙ 拒絕繼母的愛

只是，這份無條件愛的場域，卻成為女孩反擊繼母的靶場。繼母

想把她教育成淑女，她偏偏放蕩不羈；繼母要輔導她課業，她偏偏蹺課逃家；繼母試圖與她溝通，她偏偏緊閉心門。紀錄讓我看到的關鍵畫面是：繼母與女孩溝通不果、卻又得在廚房忙裡忙外那心力交瘁的背影；而這個女孩，明知自己傷了繼母的心，又看到繼母辛勞操持家務，卻寧願縮在起居室的角落，拒絕任何的溝通、接觸。

女孩的所有行為，都跟繼母對立衝撞。

紀錄將時間線拉到女孩高中畢業後，女孩為了再也不要見到繼母，選擇離家很遠的學校。甚至為了凸顯是繼母的出現毀掉了自己，所以她放縱自己、中途輟學，之後又草草嫁做人婦，最終斷絕跟家裡的往來。

紀錄繼續帶我看到她那一世的最後一個情境：女孩成家後，也有了自己的孩子。似乎因為她父親離世，有些後事需要處理，所以她必須回鄉一趟，跟這個世上唯一剩下與她有「法定家人關係」的繼母見面。

繼母非常期待能終於再見到女孩，她想著，女孩這些年的歷練，又身為人母了，或許能稍微理解自己當初的苦心；她多麼希望這次是個「破冰會面」，她想了解女兒的近況、想認識女孩的丈夫小孩、想重新建立聯繫……她真的把這女孩，當成己出的女兒。

但實際的發生是，雖然女孩確實成長了，然而，當見到繼母時，她還是狠心地冰冷以對。畫面中，感覺得出女孩那刻意武裝的冷漠，把繼母的熱情與期待都徹底澆熄了。

最後一幕，在起風的街道上，落葉被捲起飄落，已屆高齡的繼母，在夕陽下望著那曾是自己繼女離去時的逆光背影，感覺她竟是如此的陌生啊！

年邁的繼母知道，這應該是今生最後一次的見面了……這悲劇的一幕，在絕望哀痛中，畫下了句點。

⊙ 到底是誰傷害了誰？

這「最後一次」的會面，女孩甚至不願意到繼母家裡（也就是自己成長的那個家），而是跟繼母約在鎮上。作為訊息傳遞者的我，既必須保持傳信者的中立，又實在為這位繼母委屈不已，她一片真心被一輩子拒於千里之外，真是萬丈深淵般的痛心啊！

閱讀之初，Coco 本來覺得自己是主管霸凌之下的「受害者」；而閱讀中讓她知道，在那一世，真正深切傷害對方（繼母）的，就是自己（那個女孩）啊！

訊息中很強的能量，讓我感受到繼母純淨善良的心，她的所有做為，跟親生母親對自己骨肉的督促、付出、期待、鞭策、耐心、承受、接納，都並無二致。

甚至，我感覺到繼母不惜讓自己扮成黑臉，也想努力匡正這個女孩。只可惜，女孩一點兒都不領情，她踐踏了繼母的一片真心。

然而紀錄卻強調，在這悲慘窒礙的一世中，兩個人都沒有錯，也都不是壞人。

其實女孩在最後一次與繼母會面時，她的心已經軟化了，她也能理解，繼母對自己的情感與用心，是超越血緣關係的。只是，當時的她沒有勇氣跨出那塵封已久的一步，即使繼母需要的只是她小小的一步，但對那時候的她來說，都是舉步維艱的。就這樣，她背對著繼母離去的時候，內心也是五味雜陳。

阿卡西的靈性觀點教育我們，從靈魂的終極實相來看，兩個人的內心，都是有愛的。然而，這個關係中，確實衍生了失衡的能量因果。

最初青春期女孩無法接受家庭的改變因而叛逆，情有可原；但女孩成年後，並沒有在對的時間做出對的改變。這讓兩個靈魂的共同成長，都被嘎然止住了。

有時候，一時的倔強或停滯不前，會造成一世的悔恨，甚至，還可能要用好幾世去彌補或平衡。

☉ 有待修正＆彌補的關係

於是，Coco 有了這個「需要修正」的因果課題：這一世，女孩（今生的 Coco）與繼母（今生的主管）再次相遇的安排，定調在職場上，要讓 Coco 體驗那種赤誠付出卻不斷遭遇否定的感受；一如那一世，她在家中對繼母真心的百般踐踏。（有趣的是，這體驗的場景，依舊設定在美國，因為 Coco 說自己就是在美國工作的。）

這時候，從電話那頭聽得出來 Coco 已經哭得不成人形了。當閱讀訊息觸及我們課題的核心點時，會讓我們真正的「知曉」靈魂真相；因而，我們會或懺悔、或接納、或放下、或醒覺、或重生……並被深層療癒。

這種療癒會透過內在的觸動，讓與這件事有關的情緒層、意識層、乙太層，甚至身體層，出現能量組成的頻率變化。有時候，這份療癒的改變或釋放，會透過熱淚盈眶、雞皮疙瘩、滿滿狂喜、感覺熱麻、超級鬆弛、靈光乍現，或者，大大的哭一場……等的方式，流動出來。

所以，我一邊靜靜地讓 Coco 激動地哭泣，因為她正在釋放與這份關係、這個課題有牽連的負面能量；同時，我也接收到了另一個畫面：主管（前世繼母）從 Coco 的左後方溫柔地摟著她的肩膀，平靜地抱著她，這摟抱，讓 Coco 得到溫暖的療癒，並逐漸化解世代的仇恨與傷痛。

☉ 紀錄之中的擁抱──強大療癒力

這畫面傳遞出強大的平和能量，兩人置身其中，所有過去世與今

生的對立、委屈、怨恨、渴望、傷害⋯⋯此刻，全都煙消雲散了，留下的只有輪迴事件中寶貴的學習、深深的理解、幡然的醒悟，以及靈魂層面，主管（前世繼母）藉著今天這個閱讀所傳達出來對 Coco 那份不滅的、無條件的純粹的愛。

還有一個小插曲：我每次閱讀到前世訊息時，心中時常都不免有一個自我挑戰與懷疑：「怎麼證明這些前世訊息是真的呢？」有時候高維存有就像是洞悉我心中的問號一樣，會以各種方式提供所謂的「印證」，讓我不得不相信前世訊息確實存在。

這次，紀錄給我的「印證」是透過剛剛主管抱著 Coco 的畫面中而來的。因為，畫面中主管很明顯地高出 Coco 許多，以至於看起來有點像大人在抱小孩。於是我問 Coco：「請問你前主管很高大嗎？」

Coco 還在嗚咽啜泣中，這天外飛來一筆的問題讓她楞了一下，然後回答我：「她大概一米六多快一米七，但也沒有很高大⋯⋯為什麼會問她的身高啊？」我趕忙解釋，是因為訊息中感知 Coco 和主管的身高差挺多的，我不懂為何會有這樣的畫面。這時，電話那頭 Coco 破涕為笑地告訴我：「喔，我知道為什麼了！因為，我真的比她矮很多啊！我的身高只有 150。」

哈！怪不得。Coco 與主管一矮一高這件事，我是完全不可能知道的；然而，之所以讓我讀到兩者的身高差異，無異是紀錄向我們提供「印證」的一種方式！這特別的「印證」，讓我們兩個都倍感震撼（阿卡西紀錄還能讀到身高之差），因而對前面顯示的前世因果訊息，也一起打包，全數相信了。

最後，Coco 表示，這困擾多年的巨大創傷，其他管道所不能解決的疑惑，在阿卡西的場域中，在當天閱讀中，即完完全全地被釋放、被療癒了。

＊阿卡西閱讀不但具有強大的因果根源挖掘功能，當然也提供踏實的改進方法。在這個案例閱讀中，紀錄向 Coco 給出如何在生活中改善與前主管關係的建議，以幫助 Coco 和諧過去世關係中的業力（實際生活中的和解方式，已經告知 Coco，因篇幅有限，在此略過）。

＊這一世職場中以主管和職員關係相遇的過去世繼母女，並不是以往宗教信仰中講的欠債還債之類的狹義定義，而是讓 Coco 在被傷害的角色互換體驗中，了解對方的立場，也透過紀錄閱讀看到前世繼母靈魂層面的純淨的愛。所以，受到主管霸凌這些負面的發生與創傷，對今生的 Coco 來說，正具有推動她成長的貢獻與價值。這也是輪迴中因果業力的珍貴意義。

＊在各種關係之中，若內心感覺抱歉或悔意，應該即時表達，以在當下即刻和解或改善。不要讓內在的負面包袱，因為自己的無做為，而繼續發酵沉澱擴大。

白衣天使的前世今生！

　　這是一個有關於白衣天使的前世今生案例。案主小梅子對於工作現況有極大的厭惡感。她總在工作中，感受到無名的倦怠，同時，也有與同事相處不融洽、溝通起衝突等等的同儕問題，她感覺自己時常被針對、處處地被孤立。以至於，每天起床，只要一想到今天要上班，她就如坐針氈了起來……這種種焦慮和無望的情緒，讓她升起了想離職的強烈念頭。小梅子想問自己可不可以換一份新的工作，擺脫目前的困境。

　　我在她的阿卡西紀錄連接之中，讀到了小梅子前世層次中的身分：一名白衣天使。

　　紀錄的時間背景約為世界大戰期間。在那慘烈的戰亂時代，小梅子作為一名白衣天使，參與了大戰期間的前線傷兵救援工作。

　　但，訊息中的畫面裡十分詭譎的是，她人是在大前線的戰地醫療所沒錯，然而，她的心卻壓根兒不在那兒。

　　紀錄中的小梅子展現出十分漠然地、硬梆梆地站在醫療棚裡的樣貌，與常理中戰地護士應該有的火燎心急、跟時間賽跑的忙亂形象，截然不同。這畫面讓我納悶了！

⊙ 白衣天使諷刺的白淨衣裳

　　在她身邊，到處躺著痛苦不堪的受創傷兵，有的斷手缺腿，有的昏迷不醒，有的血肉模糊，有的瀕臨死亡……處處可見傷兵們在絕望中擠出一絲氣力伸手求援，聽得到他們痛苦萬分的呻吟、哀鴻遍野的求救。那景象真是悲慘，讓人不忍卒睹。

但在這紛亂情境中，此時的小梅子，表情冰冷無情、肢體呆若木雞。她就杵在那邊，一動也不動。這一切，彷彿跟她一點關係都沒有。

醫療棚裡，醫護人員心急如焚地施行救助、爭分奪秒地喊人幫忙，與死神拔河。畫面產生突兀對比的，是冷眼看著傷兵逐漸失去生命體徵，甚至到最後都見死不救的小梅子。以至於小梅子那身護士服，異常潔白乾淨，既沒有任何髒汙，更沒沾上一丁點的血漬。畫面中，小梅子，純潔白淨得十分諷刺。

⊙ 白衣天使的失職業力

紀錄顯示，小梅子當時嚴重褻瀆了她白衣天使的職守。

當然，這也造成其他戰地醫療人員的工作加重。那些被排山倒海的傷兵壓得喘不過氣的同儕，對於小梅子的行為，不但無法理解，甚至還升起了對她的憤怒與抱怨。在紀錄中，我完全可以同理其他醫療人員對小梅子的怨氣，因為，連我都感覺她真的就是典型的「站著茅坑不拉屎」，看了著實有氣。

問題是，小梅子為什麼在戰地醫療棚中冷若冰霜、毫無做為呢？

小梅子當下有幾個意識層次：

1. 因為痛恨這份差事，她只顧著專注在「厭惡這份醫療工作」的負面情緒當中，她好想趕快脫離護士的崗位，去找其他的工作。

2. 她評判輕蔑這場無止境的戰爭，她覺得全世界的人都瘋了，戰爭只會帶來災難與無意義的消耗，為什麼不立刻停止愚蠢粗暴的侵略呢？

3. 她覺得再多的救助投入，也趕不上戰爭的毀滅，救了一個又來了三個，根本沒完沒了，做再多也終究是枉然。她看不到任何有效的改善、可預見的盡頭。

就是這樣的思緒，讓她選擇冷漠地看待這原本就不應該發生的一切。於是，她沒有動力與熱情，也更不願意參與其中，甚至，冷血無情地看著傷兵一個個凋零。

重點是，那一世在戰地中失職的白衣天使，形成了兩層業力：

1. 小梅子厭倦了戰地醫護人員的工作性質，但她也並沒有積極地轉向，開始去尋找或去嘗試能讓自己重燃激情的其他工作。她的蹉跎，形成了一層業力。

2. 她在其位不謀其職，尤其這又是在最前線的戰地中，攸關他人性命的天職，她的無做為，又形成了藐視他人性命的業力。

聽我說到這邊，案主小梅子在電話那頭，輕聲地哽咽了起來。原來，她現在這一世，也是醫院裡的一名護理人員。

那一世的業力背景，在這一世原樣重現。同樣地厭倦現有崗位，同樣地並沒有積極尋找其他工作，同樣地被同儕埋怨，也同樣地在神聖的醫護線上怠忽職守。

⊙ 重燃赤誠的熱情

這時，她有點激動地說：「這讓我想到，其實年輕的時候，剛剛踏進醫療行業，那時候的我，真的懷有滿腔熱血；當年之所以會報考醫護人員，就是覺得這份工作很聖潔、很偉大、能幫助那些痛苦的人，是我非常想做的。我曾經也全心想成為真正稱職、心懷大愛的白衣天使。只是，在醫療生態中待久了，看見了很多不堪的真相，感覺到自己的渺小與無能為力；我當年的激情，逐漸被消磨得體無完膚。所以，我才會心生厭倦，越來越想快快逃離這份工作。」

阿卡西紀錄閱讀，會幫助我們挖掘到現有困擾的最原始成因，也就是業力的根源。當挖掘到了業力來源，我們會茅塞頓開，同時，

也必須進而努力改變。那麼，既然小梅子預約閱讀就是因為想轉換工作，她是否該趕快辭職，立即去找新的工作呢？

然而，紀錄給我的感覺卻是：她要先把第二層次「作為神聖醫護人員卻怠忽職守、藐視他人性命」的業力彌補完之後，才能去平衡第一層「蹉跎生命、沒有行動力的業力」，開始找新的工作。

⊙ 白衣天使的天職使命

也就是說，她得先留在現有的崗位上，重新燃起當初對這份工作的熱情，以認真負責的初心，將白衣天使應盡的救亡扶傷義務好好完成後，再開始積極地去找內心渴望的新工作。

如果沒有重拾醫療人員的熱情與愛心，那麼，就算她決斷地拋下護士職務，去做其他工作，她也很可能會不斷遇到無法適應工作、與同儕產生衝突，最後一樣有職業倦怠感的情形。最終，她還是會不滿於現況，又陷入想換工作的模式裡，周而復始。

當然，非常人性化的紀錄存有們，也有釋出這樣的訊息：先處理第二層業力，再平衡第一層業力，是相對優先的建議方式，但，這也並非唯一的選項。

紀錄繼續鼓勵她，如果當下有非常渴望的新工作：「也可以毫不猶豫地、立刻就去做！因為過去世她的行動力停滯，連帶導致她成為失職的護士。」所以，「只要出現自己想做的工作，一定要義無反顧、勇往直前地立即奔赴，並記得要淋漓盡致地把新工作做好！」

千萬別讓過去在本職與理想工作上兩頭空的歷史，再度重演！

當聽到此，小梅子哽咽地說：「我被深深地觸動到了！我想，我要好好地做，要對得起『白衣天使』這四個字。」她會把當初報考醫護職的那份熱情重新拾起，回到崗位上盡職守護每一位病患。

至於下一步要怎麼走，小梅子說：「我會給自己一些時間，這次閱讀也讓我知道，當我準備好了、決定好了，就能隨時辭去工作，向嶄新的人生邁進！」

我相信，在這個世界上，多了一位散發慈悲之愛、熠熠光彩的白衣天使！

心靈即時通

* 可能你跟這位案主小梅子一樣，正對自己的工作感覺厭倦。然而，很可能就在這份工作中，有著你必須盡到的「做一天和尚，敲一天鐘」的靈魂義務與責任。那麼，請謹守本分地完成手頭的工作，直至離職前的最後一秒。因為「責任心」也是成長型靈魂的重要學分。所以，請開心又盡力地完成你所被賦予的任務吧！

* 請謹記，如果我們沒有盡責完成工作，可能會有業力的產生；這個業力，也可能會一直續存，轉為我們工作上所遇到的困擾，並形成一種模式，不論換到哪個工作，這種困擾都會以各種方式，一直出現。直到我們願意成為對工作負責的人，把「負責任」這個學分修好為止。

* 當然，並不是每一個人在面對工作時都一定只能「全力以赴」。這還是要端看在工作這個板塊中，紀錄是否顯示是有業力存在其中。

* 當我們對某件事情的厭惡程度已經到了最高點，我們一定要採取行動，讓自己快速轉移到下一個階段。畢竟，停滯不前、無法決策、差勁的行動力，很有可能讓我們變成一灘死水、冷血無感，這不但無法解決問題，還可能形成「蹉跎業力」。所以，積極的行動很重要！

* 業力發生的真正用意，是來促進我們靈魂成長的，它是一種絕對的愛的展現。

08 | 被賦能、被祝福的雙手

白衣天使小梅子的閱讀，還有後續、很值得分享的部分！

在接續的閱讀中，阿卡西紀錄訊息一直讓我感受到，小梅子的雙手具有非常強的能量！那是一種具有療癒性的能量，而且，這能量，是被賦予的神聖力量！

她雙手的神奇力量，除了在做事情上具有敏捷細膩的手巧特點之外，經由她雙手接觸的成品或事物，也會被灌注一種療癒的力量。就連她未來可能的其他職業，也多與她的雙手息息相關。

訊息進一步的說明舉例是：小梅子可以嘗試接觸天然精油，並試著自己調製芳療精油。她在研究一段時日、對不同精油的功效有了全面認識之後，她其實就可以開始自己調配精油。

重點是，調製時，她未必要參考芳療學理中的專業規範，而更多的是要意識到自己經手的精油調配，會有神來之筆般的靈犀能量。

她可以先嘗試將自己動手調配的精油提供給朋友或家人，做日常居家護理，像加強呼吸道抵抗力的薰香精油、降低皮膚發炎過敏性的芳療護膚品，或預防蚊蟲叮咬的精油噴霧……等。

案主聽到這些訊息時說：「天啊！我最近真的對芳療精油有很大的興趣耶！因為，我研究了一陣子，越接觸越是喜歡！前一陣子我就買了一些精油來研究，我心中也確實萌生想嘗試自己調複方精油的想法！原來，我真的可以這樣做！這訊息太讓我驚喜了！」

⊙ 一雙能療癒他人的手

另外，她那雙被賦能的靈巧雙手，也有助於她在認真行使白衣天

使的天職時，能對患者起到像是「手到病除」的可喜效果。

為什麼她能幸運地擁有具療癒性的雙手能量呢？

紀錄讓我感受到，雙手擁有被祝福的能量，是因為高維存有們很清楚地知曉，小梅子在今生有著源自那一世與醫療工作相關的未平衡業力，是需要她勇於去面對的；然而這個課題又具有彎高的難度。高靈們為了讓小梅子能順利超越這個課題，於是特別為她提供了補強式的支援方式，那就是：讓小梅子可以透過雙手的神奇力量，事半功倍、心無旁鶩地投入業力的平衡。

訊息到此，我們感覺到，靈魂課題與相關配套，竟然是如此縝密地環環相扣！

同時，這雙手被賦予力量的安排，揭露了宇宙對小梅子是何等慈悲，源頭對她的成長更是大力的推動；當然，這也是她必須好好把握的珍貴機會。

如果她有一天，最終還是離開了醫院，這份被賦予的靈巧雙手及其療癒能力，也還是繼續延續的。

紀錄提醒小梅子，不論做什麼，請都要善用這份寶貝的禮物！未來在找新工作時，也盡量要選擇能發揮雙手能力的行業（舉例來說，如果小梅子想涉足音樂領域，那麼，做一位聲樂家或做鋼琴演奏家，哪種更適合小梅子呢？我想你已經有答案了。）

以此指引往前推進，小梅子若能謹慎評估、保持覺察，並善用雙手能量，在工作選擇、工作效能、工作圓滿上，定能迎來「得心應手」的新局面。

09 辛苦照顧重殘兒子的單親爸爸

　　Queena 是獨立自主的現代女性，隻身到台北工作，十幾年來一路上都算是平步青雲。她熱愛旅行，所以每次長假，都給自己安排一次自助旅遊，體驗不同文化。在別人眼中，她是標準的人生勝利組、時代新女性。

　　但她懼怕毛小孩的誇張程度，就像完全變了一個人一樣。一看到小動物（尤其是毛茸茸的），即使離著三公尺遠，她都會立刻尖叫、跳到附近的桌子椅子上，甚至是抱到樹上，盡可能地遠離那些毛小孩。於是，Queena 的朋友忍不住建議她，來試試透過靈魂閱讀，看是否能幫助她改善這個從小莫名困擾著她的問題。

　　我本以為，這個狀況是來自她曾經虐殺小動物而遭致的業力譴責，或是她小時候曾被動物驚嚇的創傷。結果，卻完全不是那麼回事。而且我也萬萬沒想到，這個有關恐懼的療癒，竟然最後會關聯出一段預約的親密關係！

⊙ 不得已的爸爸

　　場景是早期英國的一個貧窮破爛、髒亂陰暗的小屋子，屋子的男主人就是 Queena。他的身材並不高，但挺壯碩的，而從他一身的襤褸，感覺得出來家境十分困窘，而且看不到有女主人的照顧。

　　昏暗小屋子的角落裡，一張十分破舊的床上，躺著一個重度殘障、沒有生活自理能力的小男孩，小男孩只能躺在那邊受人照顧。這個重度殘障的小孩，似乎就是讓家裡女主人走掉的主要原因，而爸爸（Queena）即使生活條件再窘迫，也不忍遺棄這個兒子。

但他並沒有什麼文化背景與工作技能，只好找了離家不遠的宰牲畜牧廠，做著為牛隻剝皮的工作，以取得相對好一點點的薪水，以及稍微多一點點的時間，來照顧重度殘障的孩子。

其實那些被剝皮的牛隻，都是被處理過、已經死亡的，所以，這個剝皮的步驟，並沒有造成牠們生命上的痛苦；只是這位窮爸爸善良而慈悲，心裡非常過意不去。這份不得已的工作，讓他產生了深深深深的罪惡感。

這一世 Queena 對毛小孩的極大恐懼，是深深的「罪疚感」所造成的。她害怕任何接觸牠們皮毛的機會，會喚起自己那一世剝皮的深切罪惡，所以只要遠遠見到毛小孩，她就下意識嚇得要逃離牠們。

⊙ 動物的理解與善意

這時候，那些被剝皮的靈魂，卻捎來非常善意的訊息：

「請不要責怪自己，因為剝皮的時候，我們已經並不痛苦了。而且，我們知道那是你當下沒有辦法的選擇，也知道你有不得已的苦衷。況且，即使你不做這份工，也還是有其他人要做這份工的。所以，真的請不要再責怪自己了……」

閱讀中還顯示，有一次剝皮時，有隻已死亡的牛顫動了一下，這讓這位可憐的爸爸（Queena）觸目驚心，更認為自己的工作是對動物的虐殺……

動物靈魂也解釋，那個顫動只是死後的神經殘留反射，跟肉身體驗無關，也再次請這位爸爸放下心中的自責與介懷。

這些生靈最後甚至很溫馨地表示：「希望 Queena 從現在開始，與小動物們建立起有愛的關係。」牠們非常歡迎 Queena 能摸一摸任何一個毛小孩，給牠們溫暖的擁抱，重啟與動物們之間的和諧連接。

⊙ 毛小孩公益的神安排

Queena 驚訝地說：「怪不得我現在公司每月的公益活動項目，是定期去『流浪狗之家』做公益服務。之前我去的時候，整個過程中都頭皮發麻、尖叫不已，完全不敢接近小狗們，所以我寧願自告奮勇做『清理排泄物』的工作，因為只有這份工作是遠離小狗的。」甚至她還因為太害怕這個「流浪狗之家」的定期社區服務，而幾度嚴肅地考慮要換公司。

「現在我知道了，原來這是老天安排給我、與毛小孩們重啟連接的寶貴機會！下次去『流浪狗之家』，我要試試看爭取幫小狗洗澡的工作、抱抱牠們！徹底放下我對牠們的罪惡感。」Queena 一掃之前對毛小孩的恐懼，積極興奮地這麼告訴我。

而這段因果閱讀，跟親密伴侶有什麼關係呢？

那位重度殘障的小男孩，他很感念那一世貧困的爸爸為照顧自己所做的偉大犧牲，忍著罪惡感，無奈地繼續打工賺錢，以一輩子養著無法自理生活的男孩。所以，在閱讀結束時，小男孩突然傳來這樣的訊息：他將會是一位捲髮、清瘦的北歐年輕男生，在未來某次 Queena 的自助旅程中，與她不期而遇，並且發展出一段暖暖的戀情。即使這段戀情感覺並不會步入婚姻殿堂，卻可稱作是典型的報恩之戀。

當然，我跟 Queena 一樣，都很期待這個戀情的發生。對那一世困窘負責又善良的爸爸（Queena）而言，這會是一個多麼美好的應得。

* 即使是動物，都尚有感應善良的能力。更何況是人！而這種感應，也無關人的心智、肢體是否殘缺。

* 一世的照顧，換來一段暖暖的戀情。那是該多麼珍惜的一段親密關係之約呢！

* 對於殘障者的照顧，是一種不逃避的承擔。而這份擔當，是美好高尚而值得敬佩的。那一世這位爸爸扛起獨自照顧重度殘障兒子的責任，而這正塑造了 Queena 這輩子在生活中的自主能力，與工作上的亮麗成就。

10 侏儒的心中，是巨人！

　　有的時候，閱讀阿卡西紀錄的案主，甚至不太需要準備問題！因為，從某種程度來看，每次閱讀之所以會被預約、會進行，一定是由於高維存有們知道案主現在需要某些指引或療癒，於是這個閱讀就會發生。如果我們還沒有準備好（不論是閱讀師或案主），那麼這個閱讀就不會發生。

　　所以，有的案主僅是基於好奇心而來體驗阿卡西紀錄閱讀，他們還沒想好要問什麼問題；然而，請放心吧！源頭與高靈們對於我們當下最需要什麼指引，再清楚不過了！訊息，已經妥妥地安排好，即使沒有發問，訊息依然會順暢地流倘而出，引導整個閱讀的完成！

⊙ 紀錄會自動引導閱讀走向

　　案主 Fiona 的閱讀，就是高維紀錄訊息引導閱讀問題的有趣實例。在案主沒有準備問題的前提之下，紀錄揭露著有關她過世的神祕訊息、內心世界變化，充滿了啟示和教育性。

　　一開始連接，我就被很多層次的訊息給深深地吸引住了。這些過去世能量，還與 Fiona 的原生家庭、祖源群體的層次都有關。

　　接著，我看到了一個侏儒身材的男人形象。很明顯感覺到案主曾經的過去世，有著侏儒的印記。只是，這位矮小侏儒的能量卻與他的外表，有著天壤之別！

　　他的身影（就是案主 Fiona 的靈魂能量），是以雄偉又巨大的形式，高聳地聳立在我面前的（以至於我都感覺自己得抬頭仰望，還只能看到他的下巴）！也就是說，在紀錄給我的內在畫面中，他是一位

「像巨人一樣的侏儒」，渾身散發出一種很衝突又很震撼的力量。

紀錄讓我感覺到，在過去歐洲的時代背景下，這位男性的侏儒，有著充滿傳奇色彩的一生。

⊙ 不甘平凡的侏儒

天生侏儒的外型，讓他成為在馬戲團中製造笑點的表演者。然而，他賣力的演藝，但並不快樂，他的內心矛盾又痛苦。矛盾在於，他的缺陷卻成了養活自己的工具；痛苦又在於，受限於身體，他不敢有像正常人一樣的人生渴望與追求。

然而，他不甘心永遠被身體缺陷綁架，更不想繼續過這種無權選擇的生活。這位侏儒先生，儘管身材矮小，但是，他人小志不小！

於是，他開始尋找擺脫這種局限的可能性，以追求更高的成就；還有更重要的是，他想要擁有被他人敬重的尊嚴。紀錄顯示，他強烈地不甘於現狀，成為自己奮力向上爬的驅動力！幸運的是，他旺盛的企圖心，終於向馬戲團高層爭取到更多的發展機會。

他把握機會，絞盡腦汁地靈活展現自己的才華和領導力，把馬戲團管理得有聲有色。接著，他以極其堅毅的執行力，充實自己的商業知識，繼而把馬戲團的生意，成功向外擴大。

⊙ 不受限侏儒身體的擎天巨人

案主 Fiona 在那一世，之所以能成為事業有成的侏儒，成功背後的深層動力與內心吶喊是：「我低人一等的自卑，引燃了我飆高爆棚的野心。你現在要低著頭才能看到我，但你以後必須抬起頭打心底景仰我；我這個侏儒的軀殼裡，住著的是擎天的大巨人！」

我感受到，他最終甚至成了公司的股東之一。他原本有限的侏儒

人生，交出了無限亮眼的成績單！

那一世的許多限制、困難、挑戰，從未讓他放棄對自由、成就、受人尊敬的追求。他的努力，讓他的靈魂，擁有了商業運作上的豐富經驗；也讓他的靈魂，變得更強、更高、更大！

至此，我得到訊息，案主 Fiona 這輩子，也會是個商業奇才！不論在經營管理、業務拓展、帶領團隊上，她都能輕鬆地獲得成就。

⊙ 今生的強項，過去的努力

我洋洋灑灑地轉達 Fiona 的前世「故事」之後，我問她：「妳是不是一個天生就有商業頭腦、很會做生意的人？」案主 Fiona 很開心地回答：「是的，我很年輕就開始做生意，擁有自己的公司與團隊，也確實一直運營地很好！就像你說的，我也不知道為什麼，自己像是天生就很擅長做生意！」

是的，我們每一個生世輪迴中的嘗試或努力，都絕對不會白費的！即使當下我們未必會看到成果，然而，它們都會匯聚而轉成我們下一段人生中那些與生俱來的「天賦才華」！

我心裡疑惑地問紀錄存有們：「那我就不懂了，在閱讀一開始時，我感受到那些源自過去世的層次與家族有關，又代表什麼呢？是要告訴 Fiona 什麼呢？」

紀錄指出，Fiona 今生的主要問題，會是在「釋放從過去帶來的身體局限能量」。原來，過去輪迴之中的負面印記，不僅會牽動我們的情緒、思想、信念、行為，甚至也影響外在的身體條件呢！

案主 Fiona 過去世的侏儒身體能量，至今還依舊束縛著她。也就是說，今生的她身材會依舊矮小，而且，她的原生家庭、爺爺奶奶這些祖源群體，乃至於她的小孩，也多會有類似的身高狀況。

於是，我繼續問 Fiona：「敢問一下，妳的身材是不是很嬌小、身高並不高？而且，你的父母、爺爺奶奶、外公外婆，整個家族都不是很高？」Fiona 很驚訝地說：「你怎麼知道？是的，我大概只有 150，我全家也都是矮個子！這跟我那一世是侏儒，會有關係嗎？」

我回答：「是的！」紀錄顯示，這次閱讀的核心訊息流，就是希望引導案主 Fiona 能意識到，這種能量還繼續對她的身體值入影響；以及希望從她開始，不再受限於過去的身體能量，並帶領整個家族的後代，早早從這個固有的身體限制印記中走出來。

⊙ 從靈魂基因突破身材限制

她問說：「我的身材難道不是因為遺傳自我家族、我父母的關係嗎？這跟輪迴也有關？」

這是一個好問題！阿卡西中的靈性觀點表示：在物理層面，我們的身體特徵確實是祖源與父母生物基因鏈的延續；然而，同時我們也不能忽略另一個更深遠、甚至更關鍵的層面，就是靈魂的基因鏈！以案主 Fiona 為例，她因為在靈魂層面有身體的局限能量續存著，這成了她需要突破的關卡。於是，在投胎轉世之前，她會尋找與自己有著同樣關卡需要克服的靈魂夥伴們，作為今生的原生家庭、祖先群體成員。大家透過成為一大家族、擁有相似的基因組成（個頭偏矮），以一起面對這共同的身體能量束縛。

然而，這個家族的身體局限議題成因，並不盡相同（案主 Fiona 是過去世侏儒的關係所造成的；另一位家人可能是因為過去世在戰亂饑荒中而極度的發育不全；而某位家人的成因卻可能是過去太高大而被嘲笑，他痛恨自己的高大身材而顯示出了反作用力……）。他們的共性就是：要突破對身材的不接納，善待自己的身體，相信可以透過努力，特別是讓家族的後代，擁有正常發育的健康身體素質！

在這樣的前提之下，Fiona 的靈魂是「刻意地選擇」了投入這個身材都矮小的大家族的。

當然，Fiona 不可能在三十多歲還忽然變高，然而，紀錄告訴我，她可以支持自己的小孩改善他們的身材。從孩子開始，讓這條長遠的身體負能量印記，喊 CUT ！停止對後續家族的滲透。

⊙ 改善家族身材限制，由你做起

如何改善呢？「首先，Fiona 要在信念上，先擺脫整個家族的身體限制性信念，轉而相信，自己的孩子不會受到這個能量鏈的延續影響。所以，她要堅定地知道，小孩一定會長得比自己高很多！」

其次，她要在給孩子的三餐準備中，投入幫助他們正向發育的意識能量。我轉達紀錄訊息：「意思是，你為小孩做菜的時候，要提高覺知意識到，自己做的飯不是只為填飽他們的肚子，還可以成為他們心靈意識的灌溉、身體突破限制的滋養！所以，你做飯的時候，要帶著愛與祝福，也要同步去想像『我做的這些食物，能讓孩子們健康成長，身材高大又強壯』。當你一直把這樣的能量灌注在食物裡，孩子會吸收到能促進他們身高成長的正面能量。」

這時候，Fiona 開心地說著：「這個訊息太重要了！因為，我真的很擔心自己的身高會遺傳給後代，因此，我還刻意挑了比較高的老公，也就是想平衡一下我的矮小基因。現在，我有一對還在讀幼兒園的雙胞胎兒女，他們的身高跟同齡小孩的成長曲線比較起來，就讓我十分困擾！原來，我可以透過做菜、做一些意識能量上的工作，來突破家族鎖鏈！」

這真是一個很即時的閱讀！給案主 Fiona 提點了事關整個家族靈魂群組的重要議題與解決方案。「而且，我剛好是一個非常愛做飯的人！小孩的三餐，我也盡量不假他人之手！現在我知道了，做飯的時

候，不僅要求營養均衡，更要在意識上下功夫！這個我真的可以做到！太棒了！……」

在 Fiona 高亢又宏亮的語調之中，我彷彿看到了那位住在侏儒身體之中的巨人！只要他有決心，任何艱苦都難不倒他！因為，他知道，透過自己的努力，他不再是個侏儒，而是無所不能的參天巨人！

於是，一個案主並沒有準備什麼問題的阿卡西連接，就在紀錄自動跳出的一連串訊息裡，與非常實用的生活指引中，讓案主收穫滿滿又開心地完成了。

心靈即時通

* 過去世中的經歷，不僅會「複印」成為今生的我們，造就我們的思想、心智、信念、行為，甚至還會對我們的生理層面、身體特徵，形成強大的影響。

* 請去想一想，你家族中共同的身體特徵，或許就藏著某些靈魂基因密碼，是有待你挖掘、破解、超越的！例如，家族有肥胖基因，你可以在阿卡西紀錄中問一問：「我們家的人為什麼都是胖乎乎的？我的肥胖印記起源是什麼？我要如何從身體負面印記中跳出來？我可以如何協助家族成員也脫離過去能量對身體的束縛？……」

* 我們的內心世界，會影響到現實生活！改變思惟模式，可以改變命運，也能為下一代創造更美好的未來。

* 當然，我們今生所投入的所有嘗試、體驗、努力，也都會成為塑造下一世自己的重要生命基調！由此可知，今生的我，是過去所有我的組成；而未來的我，是現在所有我的投射。

11 溝通障礙的因果

　　預約做阿卡西閱讀的個案 Z 女士，有著無法與人順暢溝通的障礙，即使是與親近家人的基本對話，對她來說都很吃力，她總無法真正表達內心的想法。可想而知，在工作上或交友上，她的存在感也十分慘澹；在同事或朋友關係中，也因為她懼怕與人交流，而顯得十分閉鎖，以至於她常被人忽略。

　　我在連接中向高維存有詢問，Z 女士溝通上的恐懼跟障礙，是否有前世層面的成因？而紀錄訊息中顯示，她的這個課題，確實與前世相關。

⊙ 戰亂中的孤兒

　　於是，我在阿卡西紀錄中向過去叩問。此時，立刻出現了一位在戰亂中、衣不蔽體的小男生。這位可憐的小男生，便是 Z 女士過去經歷的能量展現。

　　那時候的他，大概只有 5、6 歲這麼大。在那個煙硝四起的戰地之中，他與家人離散而孤身一人。從他全身髒兮兮的、甚至幾乎光著的身體可以看得出，他處於極度無助又極度恐慌之境。

　　紀錄顯示，他夾在兩組人馬之中，一組是攻打過來的敵軍，而另一組人則是他的宗族鄉親們。此時，這位在兵荒馬亂中隻身而立的小男生，給我的恐慌感覺是「沒有人可以信任」。

　　當收到這個紀錄訊息時，我著實覺得奇怪。因為按理說，敵人燒殺擄掠，讓小男生害怕，這是當然的；但是，另外一組是他的宗族百姓，他們應該會保護小男生啊，為什麼小男生在面對自己的鄉親父老

時，卻也覺得害怕受傷呢？

⊙ 對人性的絕望與不安

訊息進一步顯示，在生死攸關的當下，小男生曾試圖向族人求助，但當時人人為求自保，他們不僅沒有照顧這位小男生，甚至還把他推向敵軍，想藉此逃脫躲避，以為自己爭取苟活的機會。

所以，落單的小男孩，就這樣被族人們推到敵軍前當成箭靶。在那只求自保、弱肉強食的時刻，族人甚至有著「你先去送死、我才能逃命」的絕情作法。

紛亂的戰地裡，他難過崩潰、求助無門。失去父母已經讓他的天崩塌了，而族人們的見死不救，甚至把他推入火坑，更讓那一世的Z女士，對全世界都徹底絕望了。

⊙ 封閉溝通，自我保護

這源自過去歷史層記憶中的極度絕望孤離，致使Z女士生出強烈的底層信念（雖然她自己並未覺查到）：「與人溝通是不安全的，那可能會導致自己被出賣或招致傷害……我無法向任何人求助，因為所有人都會傷害我……即使我表達了自己的想法或需求，我也一定會被拒絕、否定，或無視。」這些負面信念，即使到今生，都深刻地摧殘著Z女士。

於是Z女士把自己對外溝通的管道封閉起來。因為對她的靈魂來說，這樣做，對自己並不是「阻礙」，反而是絕佳的「自我保護」。

這時候，Z女士全身微微發抖。紀錄同步傳遞出，協助她把這股纏繞的能量好好釋放與療癒的方法。

⊙ 信念轉化的療癒

　　紀錄建議她跟自己說：「第一、我現在很安全（讓她把那一世戰亂現場的恐懼感先放下來。第二、我現在與人溝通也是安全的（過去世不管是敵人或是族人給他孤立無援的感覺，也應該要釋放掉）。」

　　當Z女士把前世輪迴中這個舊有的恐懼孤立信念去除掉之後，她就能夠慢慢地把與人接觸的封閉模式卸除掉，可以開始重建信心，知道自己很安全地、好好地去做社交的溝通。

　　到此，這個嚴重困擾的社交障礙探索，阿卡西紀錄回溯到前世，把問題根源整串掀開來，也提供了Z女士展望未來、改變信念的解決療癒方案。

　　Z女士在被閱讀之後，覺得心裡寬鬆了許多，也更有信心自己可以一步一步向前行。相信她在閱讀後會清楚知道：「我的人生，從此有新的模式！」

心靈即時通

* 重大的困擾背後，都可能有過去世層面的靈魂障礙成因。把它挖掘出來，你會知道自己不再需要它。知道了，就可以釋放了。

* 長期對自己造成嚴重困擾的課題，在形成的當初（也許是前世），其實都具有某種程度的自我保護機制。也就是說，在當時，這個信念確實可以救自己；只是，往往現在它就可能變成是限制模式了。所以，請務必要找到它，並放下它。

* 在知曉今生的問題是源自過去經歷造成的無助感，就應該積極地轉化自己。今生我們所遇到任何會喚起過去悲慘經驗的關係、事件或發生，其實都是喚醒我們轉化自我障礙的大好機會。如果我們能有這樣的認知，那生活中的困擾，都具有督促我們成長的珍貴價值。

Part 3 工作相關篇

在我們的三維觀點中，認真工作是必然的；
然而在高維觀點中，
工作，也會因為每個個體的不同成長需求、
能量狀態、靈魂設定等原因，
而有截然不同的資源、安排、轉變、考驗，與目標。

工作也會因著人生的不同時間段，
而出現跳躍式的變化或調整。

在努力工作的同時，
也請敞開接受由宇宙與你自己靈魂
所安排的其他可能變因！

12 修女變成 Super Woman

　　案主 Jessie 大學畢業後，獨自赴美求學，拿到碩士學位，考了專業醫療法律執照，從事與所學相關的工作，也申請到了綠卡。這些「人生勝利組」的優秀履歷，讓人稱羨。

　　但只有 Jessie 知道，自己看似一帆風順的人生，一路走來卻滿布荊棘、步履蹣跚，她不理解為何自己總要付出更多代價、花費更多時間，才能拿到別人輕鬆到手的成就。她想知道，自己的生涯職志是否是受到業力牽扯。

　　我的訊息畫面，一開始是一位外國修道院中的修女。看到她身著白色道袍，潛心修行，不但有著純白乾淨的外表，她也有一顆極為聖潔童貞的心。

　　那一生她都待在修道院中，每天固定祝禱、讀經等，規律作息，也平凡無奇。偶爾有幾次，她從修道院的大門縫隙中，窺見了院外一隅；街上各色人物熙來攘往、車水馬龍川流不息，這讓作為修女的 Jessie 震撼不已。修道院外的世界，是與自己多不一樣的人生啊！訊息至此，並沒有展現業力相關的問題。

　　接著畫面轉跳到修女 Jessie 過世時，她回頭檢視這一生，雖然盡全心侍奉上帝，但不免有點惆悵失落。她覺得自己的人生，除了讀《聖經》、祈禱之外，什麼都沒嘗試過，什麼都不會，也什麼挑戰都沒有；這趟旅程所交的卷子，純白無瑕得太過單調了。

　　於是，在斷氣時 Jessie 升起了一個非常強烈的念頭：「我好想體驗非凡刺激、豐富多彩的人生。」到此為止，顯示出 Jessie 今生的命運職涯，跟「業力」無關，反而是「願力」所致。

Jessie 今生的命運職涯，跟「業力」無關，反而是「願力」所致：她一生都在修道院中，每天固定祝導讀經，平凡無奇。她回頭檢視自己的人生，純白無瑕得太過單調了。
於是在那一世斷氣時，Jessie 升起強烈的念：「我好想體驗非凡刺激、豐富多彩的人生。」

⊙ 猛踩油門！這輩子要飆速前進

原來，Jessie 想在這輩子趕進度！利用今生，把過去沒體驗的，都集中火力加速完成！這是一個強烈又果敢的願力！

怪不得，她迎來了常人所無法觸及的許多挑戰與挫折，而且，集中發生在她成年（具有承擔命運安排的能力）之後。我還感覺到，她那想乘風破浪的靈魂，為讓體驗更加深刻，甚至預約「讓事情的難度都放大加劇」的設定！

原來，Jessie 念的美國碩士文憑，莫名其妙地比別人多花了一年時間；申請美國綠卡也遇到一堆阻礙，又比正常程序多花了兩年多；接下來報考的醫療法律執照，既偏門又專業，想當然爾，對一個台灣長大的亞洲人來說，又比別人多花了兩三年的時間，才終於拿到證照；工作初期也因為不熟悉美國職場，而發生一些狀況……

這一切，看起來，都是人生的不順遂啊！

然而閱讀中顯示，是她的靈魂迫切想讓人生從之前的單調白色，揮灑成多彩絢爛，而刻意召喚了艱難挑戰，以好好地錘鍊鑄造自己。所以，這哪是不順遂，這正是她要的啊！

⊙ 把自己打造成 Super Woman

這一路她被人生工作中真實的痛苦，壓得很沮喪，快要喘不過氣了。而當她知道自己靈魂竟如此積極無懼、渴望直面新挑戰時，她忽然很感恩這些關關難過的歷程，確實讓旅程變得不再平凡！

這一刻，她覺得肩上原本沉重的擔子，倏地消失不見，身體也輕盈了起來。回顧自己堅挺走過一路顛簸，她終於有種為自己感到驕傲又喜悅的力量。

閱讀結束後，Jessie 留言告訴我，今天閱讀的訊息完全出乎她的意料，然而，卻也為她灌注了極大的鼓舞！今後若還有艱難出現，她會當成是為生命添彩的大禮物，珍惜地迎接它們。「我獲得無以言喻的動力，能欣然面對我要的人生了。此時，我感覺自己連說話的聲音都變得異常輕鬆了！」Jessie 以宏亮飛揚的語調，有感而發地說著。

　　這是她靈魂從一片空白的修女，蛻變為 Super Woman 的精采篇章！

心靈即時通

* 靈魂旅程就是不同劇本的變幻消長！如果你曾經過得平凡無奇，你可能會渴望體驗動盪挑戰的人生。若你正苦惱自己經歷艱難險阻，那也可能就是你想要的劇本呢！

* 透過我們為自己設定不同角色的靈魂旅程中，我們體驗各種經歷，練就各種功夫，也強化了勇氣、智慧，與天賦能力。

* 如果你的人生索然無味，請別擔心，也許這是你刻意選擇的「喘口氣人生」！請好好的享受這份平淡吧！

* 也或許，喘氣過後，你給自己安排的下一世劇本，又要捲起袖子咬緊牙關，寫出無比驚險的篇章。

13 別管髒亂的家！請專心靈性工作

當還在連接案主珍妮阿卡西紀錄的過程中（珍妮尚未開始提問），我先感知到一個家裡亂七八糟、骯髒不堪的畫面：在狹隘的居住空間裡，地板布滿灰塵，甚至有點油膩膩的，流理台上堆著髒碗盤與很多天沒倒的垃圾，客廳與房間裡都有衣物隨意丟置……

我心想：「這麼亂的家！是什麼意思啊？」接著，訊息竟然是：「她不需要花時間去整裡家務，她應該要專注於使命工作之上。」

我為這個訊息驚呆了！還有這種鼓勵案主放任家裡髒亂的指引？就算她發懶也沒關係？她住在烏煙瘴氣的家裡真的好嗎？……

⊙ 就讓家裡繼續髒亂吧！

當我在滿腹狐疑中、再三在紀錄中確認這個就是要傳遞給珍妮的訊息之後，我只好硬著頭皮先問問珍妮：「請問妳家裡是否挺亂、都不太打掃的？」

珍妮聽了我的問題，有點驚訝又有點害臊地回答：「對的，我家真的很凌亂，我是真的懶得打掃。」

得到珍妮的確認回應後，我可就有底氣把收到的奇異指引傳遞給她了：「懶得打掃家裡，是非常 OK 的！哈哈！因為訊息顯示，與其把時間花在整裡家務上，妳更應該要去做真正重要的工作！」

而那份「真正重要的工作」是什麼呢？就是要珍妮運用自己與生俱來的靈性能力，以協助他人的人生變得更美好。

她該怎麼做呢？紀錄顯示，珍妮天生擁有能量感應之力！而這份

靈性感應力，又特別活躍於偵測他人的能量氣場與身體狀況這兩方面。

也就是說，珍妮要善用這靈通力，感知掃描，找出他人的身體問題，對症治療以確保健康。這，正是珍妮今生的使命。

⊙ 天生的靈性工作者

聽完我的轉述之後，珍妮以一種「他鄉遇故知」的口吻，肯定閱讀的訊息。她說：「我確實是有特殊感知力的人！」尤其，她也感應到自己這種能力，最近還有愈加明顯的趨勢。

接下來，她把能印證自己確實有這種能力的事例告訴我。

前一陣子，珍妮的好友急性腹痛半夜去掛急診，一連串的折騰檢查後，醫生還是找不出病因，好友只能繼續住院做各種治療。「閨蜜住院幾天，狀況不見好轉，我特地去醫院探望她時，感知到她腹部疼痛的病因，不在腸胃、不在子宮，而是肝部的問題。」

珍妮建議閨蜜請醫生檢查肝臟，閨蜜起初根本不採信她所說的，畢竟珍妮沒有任何醫學背景。然而，因為持續疼痛難忍，閨蜜只好請醫師檢查一下肝臟部位。醫生立刻嗤之以鼻地表示，這疼痛絕不會與肝臟有關的，但礙於反覆檢查治療都沒結果，束手無策的醫生只好勉為其難的為患者進行了肝部檢查。

⊙ 以感知力助人療癒

檢查後醫生驚訝地發現，原來這位女士的腹痛病根，竟真的跟肝臟有關。醫生這才得以對症下藥，讓閨蜜免於病痛之苦。

聽著珍妮的分享，讓我為她的閨蜜鬆了一口氣。還好有珍妮，不然她不知要被病痛折磨多久。我心想，珍妮真是個人間天使啊！若她

今生要以天啟之力濟困扶危，她當然必須全心力地專注投入；與如此緊迫的工作相比，清理自家邋遢雜亂的這件事，就顯得既不急、也不重要囉！

　　之後，當我偶爾回想起，在閱讀中看見那幅「珍妮從很多垃圾的客廳準備要出門」的畫面時，總不禁莞爾而笑！

14 極則必反的能量法則

　　Spring 是某個靈修課程的學員,她眼神清澈、皮膚白皙。課間我忙於擔任義工,沒有機會跟學員聊天,但我對這位氣質脫俗的美麗女孩印象深刻。課程結束後,Spring 約我做一次閱讀。

　　在與 Spring 通話前,我進入靜心的準備時,忽然出現了奇怪的畫面:一位消瘦憔悴的古代書法家,專注地刻寫著石碑。

　　當時,我沒有太在意這閃現在腦中的畫面。等約讀時間一到,我與 Spring 通上了話,為她連接阿卡西紀錄。

　　沒想到,一開啟連接,書法家的完整訊息,**繼續傾囊而出**。他是位書寫造詣卓爾不群的大師,還為朝廷效命。然而這項優秀天賦與榮耀成就,竟沒有為他帶來絲毫的喜悅。因為,他必須戰戰兢兢、苛究每個筆畫,生怕一個點的謬誤,就招致滿門抄斬的厄運。

　　外人眼中光耀門楣的御用書法家頭銜,如泰山壓頂般地罩著他,是不可承受之重。原本信手拈來的天賦長才,成了無以言喻的包袱,讓他書寫得一點都不開心。

　　在那一世的結尾,他形如枯槁,在崗位上誠惶誠恐地寫著書法,直到趴在案前,鞠躬盡瘁,嚥下最後一口氣。是的,這就是 Spring 的前世層次。

　　然而,Spring 卻告訴我,想問問自己是否適合專注地走靈性這條路,能作為「靈性諮詢者」去服務他人,並養活自己。

⊙ 今生也自然寫得一手好書法

　　聽了 Spring 的問題,我腦中飄著滿天問號。因為我很難把這位

漂亮的陽光女孩，跟那位過去世瘦弱的書法家關聯在一起。我只好先丟出問題求證：「Spring，請問妳會寫書法嗎？」

之所以這樣問，是因為在過去輪迴中積累的天賦才華，多少都會延續到今生。所以，如果 Spring 也能寫一手好書法，便可驗證她過去世擁有出類拔萃的書法造詣。

雖然我這牛頭不對馬嘴的問題讓 Spring 先楞了一下，之後她立即語帶驕傲地回答：「嘿！我的書法真的寫得很好耶！」她還補充說：「而且我從來沒有學過書法，卻寫得奇好喔！我不但在學校拿第一，還代表學校參加區級市級比賽拿獎的呢！」

到此可以確認，Spring 確實與「書法家」有著強能量的輪迴關聯。

接下來就要找一找，書法家訊息跟 Spring 想做靈性工作者，兩者之間有什麼關係呢？

訊息接著顯示，我們每一世的天賦或努力，是會隨著輪迴而積累的；但當天賦才華（或任一件原本美好的事物）造成了巨大痛苦時，也會出現極則必反的能量狀況。

⊙ 極則必反的能量法則

這備受壓力的書法家，因為一生都戰戰兢兢地不停書寫，所以，這個靈魂，堅決不想再重複同樣的模式了！

書法家想在自己的靈魂旅程中，能嘗試不同領域的工作，建立多元興趣，摸遍各種新奇。而且一定要以「開心快樂」的心態去做這些事，僅此即足矣。

此處，必須記住兩個重點：

1.書法家不想再重複「一生只做一件事（寫書法）」的模式，

所以 Spring 今生做事，絕對不可單一化。

2. 書法家不想讓工作又是「做得戰戰兢兢」的模式，所以任何 Spring 做的事情，一定得是讓自己開心的。

這訊息指回到 Spring「想做靈性諮詢者」的問題，答案顯而易見：當然沒問題！但前提是，這只能是 Spring 多樣工作其中的一項，絕對不能是唯一！

只要不違背上述的靈魂冀求，並且在做這些五花八門的事業時，她都歡喜開心，那麼無論她做什麼，都是會被宇宙祝福的（就是能豐收富足的意思！）

聽到這裡，Spring 恍然大悟！她激動地說：「怪不得，我之前的工作模式就是多角化經營的，我開格子小店、賣佛牌項鍊、投資瑜珈館、做直銷，也為人解讀塔羅牌等等；雖然每個項目都沾一點邊，但卻莫名其妙都能賺到錢！所以我今年才 30 歲出頭，就已經憑自己的能力，在多處置產了。」

⊙ 多元發展＋快樂享受

但是前一陣子朋友勸她別分散精力，應該專注在一件事情上，以免樣樣不精通，於是 Spring 開始把雜七雜八的事情都停掉，只留一個項目專心地做。她說：「我本以為聚焦在一樣事業上，會讓生意更有起色，結果卻是個大失敗。業務捉襟見肘、收入急速銳減……」

「原來，我根本不需要改變我原本的模式，多方嘗試才是最適合我的！」是的，若她專注在特定的一件事情上，就會陷入那一世只寫書法的極度痛苦中，她的靈魂會抗拒、能量會削弱，工作發展也變得阻礙重重。

我提醒 Spring，任何一件工作，如果做著做著感覺壓力變大，或

感到了無生趣時，表示這件事的能量已經不適合她了，得趕快拋去它！要牢記，靈魂層次的她，只想在工作中狠狠地讓自己開心！

　　包含做「靈性諮詢者」也一樣，她必須確定自己的諮詢工作是毫無壓力，且滿心快樂的，這樣的能量才是對的，也才能真正起到為人送暖的療癒效應。

　　這何等快樂的工作模式，原來是那一世，窮極一生在書法領域的**鞠躬盡瘁**，所換來的領悟！

心靈即時通

* 再棒的天賦異稟，如果從興趣轉變成了壓力，都會在終於碰觸到極限之後，來個強力大反噬。

* 任何的努力，都是會被積累的，即使到下一世，也會受惠。所有曾經或正在的努力，也許現在還看不到成果，請相信，它總有一天會開花結果。

* 現正把自己逼到牆角的痛苦工作，也有可能換來以後的另一個海闊天空（也許是下一世的天賦長才）。某種程度來說，也並非不值得囉！

* 同理，對於小孩子的教育與專長培養，應順勢而為。一點點加壓＋一些些尊重，找到最佳的平衡點，是為人父母的一種智慧與考驗。

* 從輪迴旅程的角度來看，小孩子所接觸過的，都會上傳到他們的紀錄中，而成為他們未來可用的能力。

15　叔姪情誼的延伸

　　對某些人，我們有著無名的反感；而對另外某些人，我們卻升起莫名熟悉的好感，即使只是剛剛認識。從二維的線性時間來分析，我們並不明所以；然而從輪迴多維的共時網絡來看，便會恍然大悟，原來這是我們在過去世早已建立了的關係所致。

　　下面這個職場老闆與高階主管的案例，就是過去美好關係的延續，而案主在今生也對這份情緣，不負所託。

　　K 先生曾是百強集團中，呼風喚雨的核心大紅人。他之前所服務的集團，是在台灣跟大陸都上市上櫃、赫赫有名的家族大企業。集團過去有幾個跟政府合作的大型專案，就是指派 K 先生作為專案董事，代表企業去談判並執行事務的，所以查詢當時這政府專案的相關新聞，都還能見到有關 K 先生的報導。可見當年 K 先生可是遊走商界政界、紅透半邊天的人物。

　　然而，K 先生並不是靠裙帶關係在企業中嶄露頭角的，他是透過幹練的行事作風與夯實的工作表現，而逐步扶搖直上的。

　　雖然 K 先生是憑藉一己之力在集團受到肯定，然而，在靈魂層次上，確有與集團老闆的前世因果。

⊙ 老闆是前世的叔叔

　　K 先生所任職的百強企業，是由三位兄弟共同經營的，K 先生的直屬老闆就是這三位兄弟之中的老三。紀錄顯示，這位排行老三的大老闆，在前世與 K 先生是叔姪關係。

在那一世，叔叔（K 先生今生的大老闆）對姪子（今生的 K 先生）就非常照顧，叔姪的關係甚至比父子關係還要親近。

這像父子一樣的叔姪情誼，從叔叔時常帶著姪子出遊，到姪子出社會叔叔的教導提攜，甚至叔叔到了晚年姪子的悉心照料……皆可見一斑。姪子並沒有辜負叔叔將自己視如己出的付出，過去因果中的這對叔姪，相互在關係之中，種下了善的種子。

這一世，這份親切流動的能量，轉而成為大老板與部屬的關係。

K 先生此生的表現也沒有讓大老板（也就是自己前世的叔叔）失望，在崗位上他卓爾不群，為公司建功不少，所以，即使 K 先生後來決定離開集團，自立門戶創業，這位老闆雖然不捨，卻並沒有因此與 K 先生斷了關係，甚至逢年過節都不忘給 K 先生的孩子送上大大的紅包，這讓 K 先生感覺備受關愛。

此時，阿卡西讓我感知到的是：其實，如果 K 先生想回集團工作，這位大老板任何時候都會張開雙臂歡迎他，為他找到適合的位置。

當 K 先生聽到這個訊息時，十分感動地告訴我：「你說的這點，我絕對相信！我確實知道，只要我提出想回公司，他一定會幫我安排的。他對我真的就是這麼好！只是我之前不理解，為何這位鼎鼎有名的大老板，竟會對沒有任何關係的我如此垂愛。」

聽得出 K 先生盡量平撫內心的激動，動容地繼續說著：「老板對我的好，真的像有一層特殊的、無條件的感情支撐。原來，那是我們前世就已經種下的緣分。這樣就說得通了，也讓我很感動！」

16 這輩子，請別再逃避了

年近40歲的 Tommy，是財經界的白領主管。事業發展挺順遂的，但多年來一直沒有碰到對的人。一年多前，他終於遇到了情投意合的伴侶，雙方也都有互許終身的想法。

沒想到，女友公司卻突然將她調派到美國總部，他們倆都覺得，這是不該放棄的好機會，又害怕異地戀會讓這段緣分劃下句點。

老大不小的 Tommy，不想再錯過這位理想伴侶，所以他計畫辭去工作，為愛走天涯，到美國與女友結婚，並在當地找工作。

對於赴美找工作這點，Tommy 十分樂觀，認為即使到美國一切要歸零，但憑藉自己的學經歷背景，找到工作並不難。

Tommy 對自己的規畫懷抱信心，所以這次的諮詢只是想確認一下，這樣的轉彎人生，有沒有需要注意的阻礙、如何能一切順利？

⊙ 紀錄中嚴肅的高靈們

其實，在閱讀之前，Tommy 還沒提出問題時，我就感覺到一股極為少見的、極其嚴厲的阿卡西能量氛圍。這真的是極少極少極少在閱讀中出現的。

這種感覺，讓我十分納悶。畢竟，通常在閱讀中，我多半會收到的是慈悲、支持、接納、允許等的感知，而這次卻只有全然嚴肅看待 Tommy 的氣氛。甚至，當 Tommy 正說著自己想辭職去美國跟女友結婚的計畫時，這份嚴厲的氛圍給出清晰的訊息是：「不可以。不可以再逃避工作了。」這真的是很罕見。

通常，對於此生該做的事，即使我們當下還沒準備好，或所做出的成果很不理想，甚至我們因為懶散任性而逃避；在閱讀中，我基本會感知到高維存有們給出的是：「好的，我們尊重你！」或是：「等你今生準備好再去面對，沒有關係的……」或是：「我們有無限的耐心，慢慢來！不急的……」等等的各種包容。

那為何紀錄訊息卻並不允許 Tommy 辭職去美國結婚呢？

⊙ 逃避的額度已用完

高靈們從全息時間軸線上顯示，Tommy 有「前科累累」的逃避慣性。紀錄給我的感覺是：他已經把自己的「逃避可用額度」給用完了。

所以，當他今生又要丟下工作去投奔愛情時，高靈們嚴肅地回覆：Tommy，不能再選擇逃避了。

當聽到這樣的訊息時，Tommy 坦言，前一陣子換到現在這間新公司，因為大環境景氣衰退，公司確實出現了一些困境。Tommy 可以預見接下來的工作會困難重重，即使自己賣力也未必有成果。Tommy 確實覺得乾脆趁機去美國，既能結婚，也能順便丟掉現在工作這燙手山芋，開啟新的人生，這不正是一舉數得嗎？

然而紀錄顯示，Tommy 在過去許多的生世輪迴中，都曾以各種理由放棄了該面對的事情，上天都曾以無條件的包容，允許他逃避、轉去選擇其他的追求。但，如果次次都逃避，他該修的學分總是沒修完，而且，學分的難度只會一次比一次更棘手……

對於這個指引，Tommy 非常無所適從，因為他覺得公司目前的發展遇到了瓶頸，繼續待下去，也看不到很好的未來，那留下來不是浪費生命嗎？

⊙ 勇敢面對的待修學分

針對他的疑惑，訊息出現一個畫面：地上有一個不算小、但卻淺淺的坑，當這個坑被填平的時候，Tommy 就算是過關了！

也就是說：希望 Tommy 留下來面對的責任，並非要他肩負讓整個公司由虧轉盈的沉重擔子；畢竟，這個待修學分的目的，只是要他勇敢地面對！別再像以前一樣，一有不順利就逃跑。

高靈們還用通俗易懂的方式說明：「Tommy 並不用造山，只需要填坑（就是前面畫面中那個淺淺的坑），所以，並沒有那麼難。」

認真聽我說到此，Tommy 回覆：「我是負責營銷的，公司的營收確實不是我要扛的！」他繼續說：「而如果透過行銷來讓公司專業形象提升、曝光增加，吸引更多的顧客，這確實能協助業績增長，達到你所說的「填坑」結果。這一點，倒是我可以做到的。」

是的，只要 Tommy 願意面對，不再給自己各種藉口逃避，這個要「勇敢面對」的課題學分，就算是過關了！至於時間點呢，訊息給出了大概的輪廓：大約一年多後，Tommy 就可以離開這個崗位，不論屆時他是想去美國，或換工作，或做任何其他事情都好。

讀到這裡，Tommy 表示，一年多雖不算短，但至少並非遙遙無期的。然而，我也聽得出，即使閱讀中高維存有們對他發出了嚴厲提醒，但 Tommy 還是有點猶豫，也還是很想飛奔去美國的。

最終在關閉連接時，我只好把閱讀中那前所未有、高靈們超嚴厲的態度與立場，再次向 Tommy 詳細說明：「如果過去世一直逃避，那麼最終，就會把今生的自己，逼到命運的牆角。」Tommy 必須在今生咬牙迎向挑戰，當他真正這樣做之後，一切就都會好起來的。

天命型的工作！

　　清新嬌嫩的花朵，漫天飛舞著，形成一個很大很大的圓球場域，圍繞著案主 Amy，Amy 就坐在其中。這就是她的靈魂場域，映射出鮮活綻放的能量！

　　這是我一連接 Amy 時，紀錄場域便給出的她的根源能量。

　　其實，在連接案主的能量場時，「花朵圍繞」這類的情形，也曾出現在其他幾位案主的閱讀中。這些花朵包圍的能量，直指 Amy 的「好人緣」。她的人際關係是四通八達、廣結善緣的。

⊙ 花兒朵朵開的好人緣

　　因此我詢問 Amy：「你是一個挺有人緣的人嗎？你會認識很多人，也很能跟大家發展出良好的友誼關係。大家見到你，都會很歡迎你！會那樣嗎？」

　　這是 Amy 第一次閱讀阿卡西紀錄，所以，對於自己還沒提問卻先收到我提問的狀況時，她頓了一下，謹慎地想了一會兒，低調地說：「嗯！是的！可以這麼說。」

　　接下來，這滿布在她能量場的花兒，又忽然轉變了！花朵轉成了一個一個的「物件」！這些「物件」，也在她的場域之中飄飛、舞動、旋轉著！這畫面中的能量，讓我感覺依舊是很好的！

　　但，這滿天飛舞的「物件」，是啥玩意兒啊？

　　我之所以用「物件」來稱呼它們，是因為它們並不是同一類的東西（前面在 Amy 周圍的花朵雖然種類各異，但畢竟還都屬於花卉

類）；然而現在這些飛舞的「物件」，則五花八門，代表截然不同的屬性。

這些「物件」，有的跟商務金融有關，有的跟尖端知識有關，有的跟消費物質有關，有的則像是不同領域的專項……

⊙ 多元觸角，跨領域涉略

我納悶了，不知如何解讀。於是我試著讓自己靜靜地錨定進入這些各有千秋的「物件」能量中，去感受它們……

紀錄給出了它們之間的通性：「這些五花八門領域的『物件』，與 Amy 今生的工作事業有關。她最適合那種展開多元觸角、跨領域、能接觸各行各業的工作。而且，接觸的各領域之間，不用相通，越是跳 Tone 越好！」到目前為止，這訊息已經很奇怪了，接下來還更奇怪呢！

訊息還讓我告訴 Amy：不需在某個領域深耕鑽研！符合她今生工作的最佳利益就是：在各個領域淺嘗即止！

訊息的言下之意，是一句要送給 Amy 的工作座右銘：「請確實地做到：廣而不精！」

哪有工作是各種嚐新鮮，卻不用扎根積累的？對於紀錄中給予 Amy 這樣的工作指引，我既覺得荒謬，又超級羨慕的！

綜合「花朵紛飛」與「物件廣而不精」這兩個層次，得出的總結是：Amy 的人生主脈絡是：廣結善緣！而在工作上的多方涉略，是能幫助她豐富人脈關係網的安排！

Amy 就像進了一所沒有壓力、沒有特定系所的大學。她想學什麼都可以！而且，科科都不用考高分，只要交遊廣闊就好！

Amy 透過多觸角的工作型態，面向各種領域，便能識人無數、結交各界菁英！並透過參與各領域，以豐富體驗與學習！因此，她的靈魂工作履歷表，會在這一世填寫得琳瑯滿目，變成厚厚的一疊。

閱讀完之後（其他閱讀內容在此省略），Amy 特別提出想跟我複盤一下！針對工作這一點，她說：「你知道嗎？我的工作性質，跟你剛剛說的、符合我最佳利益的各個涉略方向，真的，是非常吻合的！」

⊙ 符合天命的完美工作：記者

我很好奇是什麼工作能符合這荒謬的工作屬性？她回答：「我的工作是一名記者！」啊～那就是了！記者要接觸各行各業，採訪對象更是橫跨商業界、金融界、文創界甚至是政治界。多完美的安排啊！

另外，Amy 繼續說：「以前我總覺得自己做這行真不好。雖然採訪前，我都會深度收集資料以做專業的訪談；但採訪完了，我又得把這些知識全部放下，清空自己，以繼續投入另一個專題資料的研究與執行。所以我覺得自己很空，是什麼都懂，卻又什麼都不懂！」接著，她的語氣中帶著感激之情地說：「原來，我這一切都不用改變，我就是適合這樣的記者工作，而且，這工作還得繼續下去呢！」

Amy 繼續清晰地分析著！「有趣的是，就像你說的，幾乎所有的受訪者，最終都與我成為不錯的朋友！我確實是人緣挺好的人氣王！」是的，這是 Amy 天命型的工作呢！

在靈魂層面，每個人設定的今生工作目標與期許，都不盡相同。我們既不用羨慕他人，更不用貶低自己！重點是，我們是否能找到符合今生最佳利益的方向，這樣，對於今生的事業，便不至於好高騖遠、走錯方向，能真正地樂在其中！

就像案主 Amy，透過這次閱讀，讓她對自己記者的工作，少了無謂的自我質疑，而增加了熱誠與篤定！

18 兒子是竹林七賢

　　案主林媽媽非常擔心將近 50 歲的兒子。兒子結婚後，夫妻倆並不想要小孩，也沒有正經八百的工作。林媽媽說，兒子是位中醫師，醫術非常高明，他到美國進修並考到了中醫執照後，遇上了美國金融危機，兒子選擇回台灣。但是，美國的中醫執照在台灣並不被認可，所以若想在台灣執業，就必須再考一個台灣的中醫師證照。

　　問題是，兒子對報考台灣的中醫執照一直興趣缺缺，以至於他只能以非正式的方式，幫親朋好友把脈看病。兒媳婦就邊炒股票，邊幫忙做預約、聯繫、記帳等雜事。他們既無法開診所，又無法宣傳，更無法光明正大的執業。

　　想當然爾，兒子的收入起伏不定，導致年邁的林媽媽偶爾還得資助他們的房租或生活費。林媽媽說自己是家庭主婦，也沒什麼豐厚的積蓄，擔心長久下去，兒子跟兒媳婦生活不濟，曾多次與兒子溝通，軟硬兼施地希望他把台灣的中醫執照也拿下，至少以後能名正言順地開診所，確保相對穩定的收入。

　　但不論林媽媽如何苦口婆心，兒子都意興闌珊，林媽媽只好求助阿卡西紀錄閱讀，看看能如何說服兒子。

⊙ 竹林七賢，悠悠君子

　　在打開林媽媽的紀錄、轉而連接到她兒子時，我看到幽靜的竹林中，站著一位像「竹林七賢」的翩翩君子。竹林間婉轉動聽的蟲鳴鳥叫，微風和煦輕拂，他的長袍悠然飄飛，一幅超然於世的寧靜畫面。

　　這位君子，雙手背在身後，向前瞻望林子深處。那畫面強烈地能

量傳送出：這位君子，把繁擾庸俗的塵間世事都拋諸腦後，沉浸於天地之間的唯我獨行。

紀錄顯示，他有著大智慧、大做為，但卻斷然選擇與世隔絕，寧可潛入林間。

他並不是消極的逃避！訊息讓我感覺這位君子，也曾以自己過人的才智，對國家積極獻策，為社稷無私貢獻。然而，因為他的想法在當時超前又創新，既不太能被立即理解，又威脅了某些階級的既得利益，因而屢屢遭遇當權者與保守派的打壓。

⊙ 前世厭惡官僚，今生遠離職場

同時，睿智的悟性也讓他看透當局政權的食古不化、官僚政客的表裡不一、人性私欲的世態炎涼……當然，他也看透自己一己之力的孤掌難鳴。

當他預知了自己所有的付出，最終將功虧一簣轉成空，便毅然放下一切，隱居山林，甘恬淡薄，以求正身清心；對那些無力回天的庸俗迂腐，眼不見為淨。

他的靈魂本性孤傲有節、清虛自守，從那一世的政界中，也延續到這一世的工作上。這種能量使得他在今生也會有不願趨炎附勢、想淡出名利場、樂於離群索居的高風亮節。

我將這些訊息描述給林太太，她直點頭地說：「這真的是我兒子！他淡泊名利，甚至可以說對功名利祿嗤之以鼻。他是那種賺多少花多少，沒有什麼物欲，粗茶淡飯也安貧樂道。我常常說他就是論語裡面所說『君子固窮、小人窮斯濫矣』講的君子典型，即便身處逆境，也不違背操守與良善。他的本心真的純真又出世。」

我提醒林媽媽，她兒子今生雲淡風清、不想入世歷練的處世風

格，正是他靈魂層面渴望追求的超然境界。

⊙ 請尊重兒子的如其所是

紀錄並不建議林媽媽去說服兒子或強迫他改變！反而希望林媽媽能因此了解兒子那高尚君子的謙謙德行。

他是多麼不願意同流合污，他以特殊的外貌與行徑，來消極抗議固化的醫證制度，抗議集體的約定俗成。

在世俗的眼中的吊兒郎當，只是他的不拘禮法；在世俗眼中的不思上進，只是他的清靜無為。林媽媽應該跳脫世俗的眼光，接納兒子這樣的靈魂稟性，並尊重他的如其所是。

閱讀完成以後，林媽媽表示，紀錄與兒子的實際狀況很是匹配，所以非常認同。訊息中帶著她認識了兒子靈魂層面的品質與屬性，也讓她感動與釋懷。

然而，從通話中也聽得出來，要林媽媽即刻轉念放下擔憂、全然尊重兒子，這對一位老人家來說，似乎並不是件容易的事。我可以理解林媽媽的立場，然而作為傳遞阿卡西訊息的管道的我，不能逼迫林媽媽或介入她的人生。我能做的除了如實地轉譯紀錄之外，也同步給予林媽媽與她兒子，全心的相信與深深的祝福。

過去經歷中因著強大衝擊而形成的負能量，有極大的可能會成為我們的限制性信念與舊有模式；在輪迴漫長的旅途中，每分每秒都持續地向我們值入深層的影響。林媽媽的兒子需要時間以重建力量，再站起來，跨步出去！

紀錄中這位君子（以及林媽媽的兒子）的化外與風骨，讓我心生敬意；他那懷才不遇的孤傲背影，時常湧現在我腦海中，讓我難以忘懷。

* 工作上的成就，不單單是天資、努力、時運所造成的；影響我們職涯成就的，有可能是來自過去世的經歷。如果今生無心拚搏事業，就算天資再聰穎過人，也可能在事業上交出白卷。

* 過去經歷中因著強大衝擊而形成的負能量，有極大的可能會成為我們的限制性信念與舊有模式；在輪迴漫長的旅途中，每分每秒持續地向我們植入深層的影響。

* 阿卡西紀錄能帶我們看到：是什麼樣的過去衝擊，形成了怎麼形式的負能量網，以及如何長久禁錮我們的前因後果。

* 當某個模式一直持續而蓄積成過多的負能量時，它就必須進入強大翻轉的「關鍵轉換期」，以避免能量的傾斜失衡。那麼，紀錄可能會進一步建議林媽媽的兒子在今生嘗試做出改變，從竹林中走出來，以衝破桎梏，塑造出自己靈魂的全新藍圖。

* 這個案例中，請求閱讀的主體人是林媽媽，所以紀錄主要給出的指引是針對母親該知道什麼、能做些什麼的面向。如果案主是林媽媽兒子本人，那麼紀錄便會從他作為主體人的角度，告訴他今生能如何療癒前世官場的受創、靈魂的突破，甚至是如何創造新的命運版圖等不同視角的訊息。

Part 4 親密關係篇

這輩子我們為何與伴侶相遇？
不論是以夫妻、男女朋友，甚至是婚外情關係……

這個世界上，似乎少有鶼鰈情深的夫妻檔，
大家更多以「相欠債」來形容婚姻緣分，
因為通常伴侶間總是相處不睦、相看兩厭。

然而，如果我們把視角從今生拉遠一點，回到前世，
看到一方給予一方受惠的因果，
看到關係中有自我成長課題的設定，
看到靈魂層面那份無條件的大愛在推動……

那麼，覺得委屈的、覺得怨恨的、覺得不解的這一方，
會發現親密關係中的緣分安排，
竟是如此縝密、公平，又有創意，
從高維的愛的視角中，
我們會重新審視並努力習修伴侶間相約的學分！

19 曾經，她跟他是同窗同學

Linda 在朋友眼中，是個認真、誠信又謙卑的大好人，即使做到金融界的高階主管，也沒有架子，不藏私地帶領團隊拚命！她不但是老闆面前的主力大將，也是下屬眼中有肩膀的頭兒！然而長久以來金融界的緊湊步調，使得她被壓得喘不過氣來，好友看她日漸憔悴，於心不忍，於是介紹她來閱讀靈魂紀錄。

Linda 敘述了她的困擾，原來，她長期在高壓工作下而身心俱疲，幾次都冒出辭職的念頭。但礙於老公近年來事業發展受阻，他從曾經的集團高階主管，到成立個人工作室，事業版圖縮水，收入也不穩定。家庭的主要經濟重擔、三個小孩上國際學校的高額學費，都落在自己身上。

強烈渴望辭職的想法不斷升起，但嚴峻的現實狀況，讓她只能咬牙繼續苦撐。她想知道自己何時可以卸下重擔，讓先生扛起家計呢？

⊙ 學霸（老公）VS. 學渣（老婆）

Linda 與老公的關係，是前世因果的報恩之願：畫面中兩個高中大男生，是過去世的同班同學。Linda 的老公在那一世，是班上的超級學霸；而 Linda 在那世卻是不折不扣的學渣！

學霸（老公）不僅功課好，還是學校裡的風雲人物，品學兼優，能文能武，屢屢獲得各項榮耀，不但師長肯定，同學們也非常崇拜他！而這位學霸，總是對學渣（Linda）特別照顧。平日不厭其煩地教他解題（即使學渣總是學不會）；當老師批評學渣時，學霸還會以資優生的身分出面緩頰；甚至遇到同學嘲笑或霸凌學渣時，更站出來

罩著他……

　　紀錄的畫面轉而帶到職場上！原來學霸對學渣的照顧，甚至還延伸到畢業之後。這位學霸拉著學渣一起去求職，並帶著學渣順利進入同一間公司。在工作上，學霸依舊成就卓著，官運亨通；而這位學渣也毫無意外的平庸無奇、能力有限，時常被主管責罵。

　　想不到的是，學霸在職場中對學渣還是照顧有加。學渣不會做的事，學霸就手把手帶著他；一有立功的機會，更不忘帶上學渣，讓學渣免於被炒魷魚的窘境。就連步入社會了，學霸還是繼續保護著學渣。

⊙ 學渣的報恩

　　這個善因果，被學霸憑空建立起來。可想而知，Linda 作為那個從學生時期一直到職場上被無條件罩了十幾年的學渣，是有多麼的感恩。

　　這份感激之情，換來這輩子，Linda 成為有工作能力養家的妻子，在老公際遇不佳的人生道路上，她扛下家庭重責，藉此來回饋學霸。這，是何等完美的安排啊！

　　聽到這裡，Linda 久久無法言語。許久後她感動地說：「我那一世那麼肉腳，他怎麼還這麼願意照顧我……」然後自己接著說：「所以，我現在養家，好像也是應該的。其實，我老公這輩子還是非常優秀而有才氣的，他真的就像你讀到學霸那樣的才華橫溢！只是不知為何，他這十年來的工作運，真的很不好。」

　　在 Linda 每天早出晚歸辛勤工作的同時，老公在接案子之餘，也盡到照顧家裡長輩與小孩的責任。Linda 忽然感覺自己其實挺幸福的，這輩子作為養家的太太，如果對照上輩子學霸為自己的付出的話，其

實今生的自己一點兒都不委屈！

而且，老公今生仕途的不順遂，適足以提供了 Linda 這輩子得以回饋的好機會，她可得要好好的把握住！

畢竟，那位同窗、同儕，曾經長時間對 Linda 是這麼用心盡心的照顧……

心靈即時通

* 人世間，當我們正受人恩惠時，不管心裡有沒有感恩之情，當回到純粹的靈魂層面時，我們都會做出想要回饋的高尚決定。

* 如果今生真的能力有限，無法報人恩惠，也不用著急或愧疚，以後還有得是機會呢！只是機會到的時候，也許我們不了解為何自己要這麼「委屈」的付出呢！

* 際遇不好的伴侶，也許只是「被安排」必須扮演這樣的角色，才能提供給對方名正言順、條件具足的付出或回報機會。

* 如果這一世我們具備有如天助的運勢，這份際遇，也或許只是因為我們要償還別人恩情，而必須發達順遂。

* 在伴侶關係中，任何一方比另一方更有能力的時候，請甘願地扮演給予者、付出者的角色吧！這中間不應該有憋屈或抱怨。

20 父親母親，都是配好的！

　　有時候在阿卡西閱讀中，案主自己想要知道的訊息，跟源頭要透過這次閱讀告訴案主的訊息，是會有出入的。因為在高維光的大師們的全局視角中，他們清楚知道，我們的困擾之中，有輕重緩急之分，也有最佳的處理順序。

　　例如這個案主 Chris，他原本想問的主題是與工作有關的，然而，紀錄卻先把與工作無關的訊息，拋了出來……

　　案主 Chris 是個事業心很強的人，任職公司營業部門的主管，所以在我連接之前，他就先表明了自己想知道「如何提高業績」這件事。

　　但是，當我一連接紀錄場，率先跳出來的訊息，卻是他父母之間的關係。

　　阿卡西紀錄答非所問？不！紀錄是要透過這次閱讀，讓 Chris 了解父母關係問題的因果，而這份「了解」，似乎比他想求問的「業績提升」更加重要。

⊙ 互相協調搭配好的父母

　　劈頭就來的訊息，是成語組成的八個字。

　　紀錄先形容了 Chris 的父親：「事不關己、逍遙自在」，接著又形容了 Chris 的母親：「事必躬親、勞心勞力」。

　　我感覺到，這對爸爸跟媽媽可真是 180 度的超極端對比啊！

　　訊息傳遞出，Chris 的爸爸今生想要追求的，就是每天開開心心

地活著，吃好喝好玩好睡好，不要給自己任何壓力。所以，他這一世靈魂旅程的主要基調，當然是「逍遙自在、事不關己」囉！

反之，Chris 的媽媽，今生想追求的就是迎向生活的各種艱難挑戰，將責任一肩扛起，以一己之力照顧全家人！所以，她這一世靈魂旅程的主要定調，那必須是「勞心勞力、事必躬親」囉！

這些訊息跟 Chris 想問的工作業績，完全不搭嘎！但我知道自己必須順應紀錄能量的牽引，先把這部分訊息傳遞給案主，才能接著詢問與業績提升有關的訊息。

於是，我問 Chris：「請問，你爸爸是不是一個『逍遙自在、事不關己』的人？」

Chris 既驚訝於我的答非所問，卻也肯定了我所形容的，正就是他父親的「那副德行」。

Chris 以評判和不屑的語氣說：「我爸爸真的就是你說的那樣，家裡的什麼事他都不管，妥妥的甩手掌櫃，整天吃喝玩樂遊手好閒，我從沒見過他正經的一天。老實說，我甚至有點瞧不起我爸爸。」

我繼續問Chris：「那你母親，是不是跟你爸爸180度相反，是『勞心勞力、事必躬親』的人？」

Chris 更加吃驚了，他說：「這形容詞也太精準了吧！你怎麼知道我媽媽就是我們家的主心骨？整個家都是我媽媽撐起來的。她要做飯洗衣，賺錢養家，還拉拔我們長大，她全心全意、忙裡忙外，所有事一肩扛。而這些事情，我爸爸都不管的。所以，我們幾個小孩都很心疼媽媽，也可憐她怎麼嫁給我爸這種不負責任的人。」

然而，就在我聽 Chris 的回應時，紀錄進一步顯示，讓 Chris 千萬不要可憐媽媽，更不要埋怨爸爸！

因為，在靈魂層面，他的父母是基於雙方所自主設定的今生調

性，並在互相願意支持對方的前提下，而「相約」在今生，以這種「完美互補」的方式，結為夫妻的。

在他倆的婚姻設定中，因為母親想要勞心勞力，所以爸爸必須逍遙自在；因為爸爸想要事不關己，所以媽媽必須事必躬親！

從這個視角來看，沒有誰比誰可憐，也沒有誰比誰惡劣。Chris 父母一個懶一個忙、一個享樂一個勞苦，當我接收到這樣的紀錄解說時，不禁在心底驚嘆：「天啊！這不但是超完美的合拍搭配，更可說是天造地設的一對。」

⊙ 請尊重父母的靈魂設定

這些訊息要 Chris 停止對爸爸的抱怨，也不要一昧地可憐媽媽，以停止自己在父母關係上的「能量誤植」。

是的，若是我們將關注、意識與能量，投擲在某些不該介入的人事物之上，那就可能會形成能量的偏離、消耗，與誤入。

所以，Chris 對工作的期盼與企圖，必須在自我意識能量是充分聚焦的前提下開展；更不該陷入父母關係的困擾中，那會讓原本應該關注在工作上的能量，不自覺地被削弱、被混淆。

這也說明了，為何閱讀最先出來的訊息是跟父母有關，因為 Chris 必須先把能量從埋怨父母之上，聚攏回到自己身上。所以，閱讀就以這樣的能量流，被有序地推動向前！好酷！

當 Chris 透過閱讀，理解了爸爸與媽媽在靈魂層面一拍即合、共同做出這樣互補的約定，做子女的應該給予他們尊重之後，Chris 自己的能量，將能更大化地投入到業績的提升之上（後面的閱讀，就轉回到工作業績的訊息上了，其訊息在此不做延展）。

21 同性戀大頭兵的相約

　　案主 Rachel 的問題很有趣：「我很好奇，我退休以後的生活會是什麼樣子？」

　　紀錄呈現一個畫面，讓我看到了：一個有著北歐景貌的山林郊外、一場輕鬆閒適的野餐聚會。Rachel 忙著熱情招呼鄰居與友人入座於長長的木桌。不遠的另一邊，有個細長的桌台，上面放滿了各式美食與飲料，像是歐式自助餐那樣，供賓客自由取用……

⊙ 退休的預告

　　我覺得這樣的訊息實在奇怪，因為 Rachel 作為一個台灣人，怎麼晚年會跑到像北歐郊外這樣遠的地方去？但是畫面中在北歐的 Rachel，確實過得挺開心愜意的！

　　Rachel 聽完我的描述，給了我一個不可思議的表情與大聲的尖叫！然後不斷地跟我確認那個北歐郊區的樹貌景象、裡面的人物、自己的行為等等。我盡可能地再感知細節，並一一回覆她。

　　然後她很興奮地說：「你看到的這個場景，我去過也經歷過！我就是非常嚮往這樣的生活方式，所以，我真的很想退休後到那裡去養老！」

　　「是喔，那妳怎麼會去到如此遙遠的地方、這麼融入當地生活呢？」我很好奇地發問，因為畫面中，她就像是「當地女主人」一樣，一點都不像是旅客！

　　她稍微平靜後，回答我：「因為我的男朋友就在那邊生活。所以，

你有看到我男朋友嗎？」

「有的！」我回答！因為之前的畫面中，就在自助餐區的長桌台後，站著一位高高瘦瘦的北歐老男人。他的靈魂讓人感覺寧靜而平和，就像靜謐的湖水一樣。

訊息中還顯示，即使這個男人並不擅長也不喜歡張羅食物飲料，但他知道 Rachel 需要他在食物區幫忙，所以他心甘情願地在食物長桌這邊招呼大家取用。當我說出這個老男人的特徵與感覺後，Rachel 又以一個高亢的尖叫來回應我。

Rachel 向我解釋：「因為工作的關係，我要時常到歐洲出差，因此認識了這位北歐男友。他給我的感覺，就跟你剛剛讀到的一模一樣，他是一個能量跟情緒都很穩定的人，他總是能讓我內心感覺非常平靜。而且，你讀到的我的退休生活場景，就是他常帶我去的山間度假小屋。我們都喜歡偶爾找親友一起在山林間聚餐聊天，那也是我們倆都想要的退休生活！」

Rachel 壓低聲調說：「其實，他是我婚外的男朋友。我跟我老公也還在一起……」

⊙ 二次大戰中的同性戀阿兵哥

在她一邊講述時，我也同步向高靈們發出我的疑問：「為什麼 Rachel 的退休生活，並不是跟她的老公一起呢？」

接著，我繼續得到下一個畫面：在像是一或二次世界大戰期間，月夜風高之下的戰場壕溝裡，有兩個外國阿兵哥。

畫面是從他們的後方取景的，所以我看到他倆肩靠著肩的背影，即使是坐在戰壕中，但惡劣的環境絲毫不影響他們交頭接耳聊不完的天。雖然感覺他們盡量壓低音量，然而這彷彿耳語般的交流，卻流淌

出兩人之間極度歡喜、愉悅共鳴的情感能量！

　　是的，你可能猜到了，他們兩個，是同性戀的大頭兵。

　　在那個同性戀並不被接納的年代，軍旅生涯讓他們很無奈，在同儕中又顯得格格不入，他們感覺孤立無援，甚至必須偽裝自己以求自保；再加上戰事的漫長無情，讓這兩顆孤獨又相同的心，因著互相的了解，而緊緊地依偎取暖。

　　這兩位同性戀大頭兵，總是無話不談地聊著惟有他們兩個才懂的世界；只有在這並肩聊天、兩心相交的當下，才能讓他們暫時忘記自己身處直男堆、戰場上的身不由己。他們給彼此一股活下去的溫暖、勇氣，與希望。

　　這兩個交心的同性戀阿兵哥，就是這一世的 Rachel 與那位幫忙看管食物的北歐老男人；也就是現世中，Rachel 的婚外男友。

　　老實說，保守的家庭教育把我塑造成無法接受婚外情的「嚴重道德潔癖者」；但是，就在這個閱讀中，我感受到這兩位阿兵哥之間那純真又強烈的能量流動，卻是一種忠貞的靈魂之愛的約定。紀錄讓我感受到，這情感能量是那般地潔淨無瑕，甚至，多麼值得被理解啊！

⊙ 更早的靈魂相遇

　　而且，從高維角度中，Rachel 與那位戰場上的同性戀阿兵哥（今生相遇的北歐老男人），甚至可能比她與今生老公的相遇還來得更早，或緣分更深。所以就這個角度來看，要定義誰才是 Rachel 情感世界的介入者，實在有點難……

　　這個訊息，真的讓我的基礎信念大受震撼。當然，我依舊並不主張婚外情，我也不會因為紀錄帶給我的宏觀視角而鼓吹大家藐視婚約制度；只是，我不得不承認，經由這個案例，我竟覺得世俗對情感婚

姻的定義與約束，在阿卡西紀錄浩瀚的長河之中，顯得既薄弱又蒼白。

「還有，我感知到，你與阿兵哥的這份約定，可以延後到別世以夫妻之類的身分去完成。當然，若是你們還是想在這輩子以婚外情的方式續緣，紀錄也提醒你記住：請不要傷害原本婚姻中的另一半……」這是高靈們給 Rachel 的溫馨提醒。

讀到這裡，我更驚訝了。我以為婚約以外的感情，都應該是不被允許的，但這真真切切的提醒訊息，著實讓我自己被上了一課。

如果說愛到最高點，是無條件的接納，那我想，高靈們這個溫馨提醒的出發點，也許就是源自於這無條件包容的境界了吧！

22 富員外與小乞丐

夫妻間的因果關係，常是錯綜複雜的，其中有很多會牽扯到「施與受」的恩情。同時，雖結為夫妻，各自還是會有源自過去世獨特經歷的稟性續存，而使得兩人在某些性格或追求上，迥然而異。

因此，這個阿卡西閱讀案例的分享，是要讓我們在婚姻關係中學習並思考兩個問題：

1. 給予方與受惠方的角色扮演，會在輪迴中繼續延續或不斷交替。所以今生作為給予方的人，很可能之前其實是受惠的一方。

2. 可能你對於伴侶的某些奇異習性或特質感到反感、無法接受，此時，我們都應該給予對方更多的尊重與空間。因為那很可能是你伴侶過去世的一貫作風，短時間內是很難改變的。

來看看！案主 Betty 覺得對老公的感情已經逐漸消失，所以非常想訴請離婚，她來詢問可否追隨內在想法，結束這段婚姻關係。

Betty 在提問時，那無奈的語氣中，透著一股無情，讓人感覺，要不是她丈夫變心有外遇，就是家暴這類的傷害事件，我好奇是怎樣嚴重的情感觸礁，才會導致 Betty 給我一種鐵了心要離婚的感覺。

⊙ 願意付出的老公（員外）

然而，Betty 卻回答我說：「其實，我老公這個人沒什麼大問題。他婚前婚後並無差異，一樣都很照顧我，他真的是個挺好的人。但不知道為什麼，我越來越不想跟他待在一起。」

阿卡西連接時常會有我們意想不到的答案。然而就我的閱讀經驗

大概可得知，夫妻的相遇有很高比例是延伸前世的情感關係；當然也有一定的比例顯示，他們過去並不是伴侶，而是出於大愛的展現，想在今生創建兩人的關係進化，而成為親密伴侶，一如我接下來讀到的訊息。

紀錄先給我看到一個善良又古道熱腸的員外，呈現這個人豐衣足食、家大業大，更重要的是，他也非常樂於助人。

而紀錄又出現了另一個與員外有關聯的人，他是沿街乞食的小乞丐，時常在街市巷弄中以乞食維生，浪跡天涯，以天地為家。

這一段時間，小乞丐剛好在員外家附近乞食，所以員外出入家門常見到這名小乞丐。如前所述，員外是樂善好施的大好人，而且不知為何，他特別不忍心看這名小乞丐餐風露宿，所以時不時差遣下人給小乞丐送飯添衣，以確保他不會餓著凍著。

後來，他甚至問了小乞丐：「我家剛好缺一名長工，你來家裡打工吧？」其實，員外家並不真的缺長工，但員外想，這樣小乞丐就不用再流落街頭過三餐不濟的生活了。

紀錄顯示，這位富有同情心的員外，就是 Betty 今生的丈夫；想當然爾，那小乞丐，就是 Betty 的前世。

當時乞丐聽到員外的提議，受寵若驚，當然高興地接下這個工作！這樣一來，自己就有吃有穿又有得住，真是禮物從天而降啊！

於是，Betty 便與員外展開了這份無條件給予與欣然接受照顧的「施與受」緣分。而且訊息中這位員外不但大方、慈善，沒有架子，還時常親切地噓寒問暖，讓小乞丐倍感家一樣的溫馨。

聽到這，案主 Betty 有點哽咽地說：「確實，這就是我老公！不止是那輩子，這輩子他對我也是照顧得無微不至。他真的是個好人。」所以，Betty 之所以想離婚，真不是因為老公做錯了什麼。

☉ 寧願流浪的老婆（小乞丐）

接下來我繼續讀到，在那一世，這小乞丐後來還是離開了員外的家。為什麼呢？以我的小腦袋瓜實在想不出什麼理由要離開員外家。然而，紀錄給的訊息，卻讓我十分意外。

原來，從小沿街乞討，讓小乞丐骨子裡早已習慣了居無定所的生活方式。而待在大宅院裡無憂豐裕的安居生活，也許是大家夢寐以求的，然而對小乞丐來說，卻有種渾身不自在、哪都不對勁的拘束感。

他的內在像被禁錮般地無所適從，那渴望自由的 DNA，一直在吶喊。久而久之，這個大宅院就成了圈禁他的牢籠。

於是，一段時間後，小乞丐禁不住內心的嚮往，還是離開了安逸舒適的大宅院與對他照顧有加的員外，回到風雨飄搖卻無拘無束的街頭，再次成為「自由之身」。

那時他的不告而別，讓不明所以的員外非常掛念，他不知道自己是否做錯了什麼，更擔心小乞丐會飢寒交迫、被人欺負，所以員外懸著一顆心，總是念懷著小乞丐。

紀錄並揭示：員外很希望有一天能再遇到小乞丐，也絕對願意繼續照顧他。而員外的這份強烈的牽掛，造就了 Betty（小乞丐）與老公（員外）這輩子的再次相遇。

當他們這一世結為連理，這位員外（就是 Betty 的老公）就可以名正言順地「繼續」關照小乞丐（Betty）了。所以一如 Betty 所說，不論是在生活、精神或經濟上，老公都竭盡所能地陪伴、關懷，並盡己所能地滿足 Betty 所求。

☉ 何不繼續當受惠方呢？！

至此我們知道了，這對夫妻的今生關係，是過去「施與受」角色

的延續。今生他們的夫妻關係中，員外一樣還是「給予方」，小乞丐也還是「受惠方」。

「但我就是莫名地想離開他，我也不知道自己為何會這樣。」那 Betty 明明是受惠方，卻為何莫名地想逃出婚姻呢？

你想一想便知！原來，Betty 那鮮明的小乞丐靈魂特質，並無法讓她真正融入穩定無虞的關係中。阿卡西紀錄帶我體會到小乞丐的內心：「當他『忍受』安逸到達某個臨界點時，那長久習慣於浪跡天涯的秉性，就會跳出來喊自己再次去流浪！」

這就導致了 Betty 內在鼓譟著，寧可放棄美好婚姻而強烈想離婚。

到此，我全盤搞懂了。但接下來的問題是：「難道這一世 Betty 也該像小乞丐那輩子一樣，拋下一切、離婚去流浪？」訊息指出，並不需要。然而，她必須時不時地順應乞丐模式，讓自己適度的「放風」一下。所以，紀錄中的高維智慧表示：「今生她可以透過『說走就走的一個人旅行』，來滿足自己特殊的靈魂慣性需求。」

這訊息實在太酷了！原來，每個人的靈魂都有一些行之已久的特質，是需要被照顧的心理與靈魂層次。在 Betty 身上，那個需要被滿足的層次，就是「自由地去流浪」。

⊙ 以度假來順應乞丐的秉性

如果每次內在升出對自由的渴望時，給自己安排「一個人的度假旅遊」，這樣既可以繼續待在穩定的關係中，享受先生的呵護，也圓滿丈夫想照顧自己的念想，更不違逆靈魂想流浪的能量。所以，紀錄顯示，Betty 沒有離婚的必要。

當我轉述紀錄指引，特別是提到「一個人的度假旅遊」解決方式時，Betty 振奮不已：「哈！這個訊息太適合我了，因為，我真的超

愛旅行！我無法忽略自己『偶爾想消失』的想法！」原來，Betty 時常有強烈的「說走就走」的旅行渴望，而且，「我從來不想跟任何人一起出遊。我既不會提前設定目的地，更不追隨旅遊攻略，而是鄉村、山野、小鎮，隨性地走到哪、玩到哪！」

「每一次出門，還必須是五天以上，遊玩得越久越好。重點是，在旅途中，我真的一點都不會想家！這跟你說的小乞丐行徑，真的好像啊！曾經我老公對我時不時『人就消失去旅行』的模式，很無法理解。然而逐漸地他也接受了，因為我每次旅行回來，都元氣滿滿，對老公小孩也都更有耐心！」由此得知，Betty 先生（那個員外）對她的包容度真的很大呢！

我們很多時候都活在前世經歷的餘溫之中，如果這些過去的脈絡對今生造成了不當影響，那我們必須找出前因後果，並在必要時適度地調適、改變。以 Betty 來說，她不應該任由那浪跡天涯的乞丐稟性過度影響今生的自己（也就是說她不應該堅決離開丈夫、逃避幸福）；她可以透過旅行來回味流浪的感覺，那麼小乞丐的能量，就能逐漸被梳通調理，而不再成為 Betty 婚姻的絆腳石。

這個總結，讓 Betty 很有感觸。她表示：「我懂了！這閱讀訊息真是對我非常有幫助！以前我也不理解自己為何總想搞消失，原來，獨行天涯，是再適合不過的充電之旅！」是的，放飛的能量，才能支持 Betty 再次回家，擁抱親密關係，歡欣地接受老公的愛護與照顧！

閱讀結束後 Betty 表示：「阿卡西閱讀值得我深思！我會先來個至少一周的獨自旅行，回來後再重新想想跟先生的下一步。」

好樣的！祝福 Betty 能以阿卡西紀錄提供的宏觀視角去平衡婚姻的因果能量，以及將自己的靈魂稟性導引成今生的成長助力！

23 | 重現光明的小鮮肉前夫

在藝術界，安琪是知名的評論家、意見領袖。她是拍賣會、鑑賞私董會、高端品牌爭相邀約的重量級品薦專家，活躍於大型美學盛宴、文化活動與各大媒體。如果以一句話形容幹練聰明又專業的安琪：她就是一本藝術品活聖經。

在之前幾次的阿卡西探索中，安琪主要詢問的是與目前男友的感情狀況，她總能很快透過閱讀整理自己，讓自己更強大。而這一次閱讀諮詢，安琪首度問到了她的前夫。

⊙ 紅色光團的深痛自責能量

首先，我試著連接安琪前夫的能量場。此時，我讀到一大片深紅色灼燒的光團（其實，更像是肆虐的野火團）。那翻攪著濃密能量的深紅色火團，從前夫的海底輪、臍輪冒出，一直蔓延到全身各部位。畫面中，他整個人淹沒在暗沉深紅、炙熱烈焰、無情毀滅的火團中，幾乎被吞噬。那裡面有太多太強烈的負面情緒了。

但這火團代表的負面情緒是從何而來的呢？紀錄讓我感受到，那是前夫對自己的極大罪責感，他嚴重地痛恨自己，甚至無法原諒自己……他完全沒有掙扎，任由火勢將自己淹沒。還有一種寧願自己被徹底毀滅的絕望感。

當我試著向安琪說明前夫呈現的濃烈負面能量的訊息後，安琪立刻哭得很難過。她一邊傷心落淚，一邊回應我所讀到「前夫無法原諒自己的強烈罪咎感」，並說道：「我知道他對於我提出離婚，以及答應與我離婚這件事，是極度自責悔恨的，甚至到無法、也不願意寬恕

一大片深紅色灼燒的、肆虐翻攪的野火團，從前夫的海底輪、臍輪冒出，一直蔓延到全身各部位。那裡面有太多太強烈的負面情緒了。

紀錄讓我感受到，那是前夫對自己的極大罪責感。他痛恨自己，任由火勢將自己淹沒；他甚至無法原諒自己，寧願自己被徹底毀滅。

他自己的嚴重程度。」

以至於在離婚之後，前夫從未跟安琪聯繫；安琪知道他並非不想，而是因為他還把自己封鎖在負罪感中，不能原諒自己當初的決定。而閱讀到前夫自我罪咎的訊息，正好驗證了安琪之前的猜測。

原來，當時他們之間從鶼鰈情深，到出現無法解決的裂痕，再到安琪提出分手（詳情略），這痛徹心扉的過程，讓自己跟前夫都經歷了生命中至闇的時刻。最終，前夫只好萬般不願地同意簽字離婚，但這並不代表他內心是準備好放下的。

我感覺前夫在那淹沒他的火焰中，不斷地質問自己：「為什麼我當初沒有再做其他努力？」不斷地拷打自己：「為什麼我沒有堅持陪在她身邊？」不斷地責怪自己：「為什麼我那時要讓她傷心？……」這些靈魂拷問，只會推他跌入更闇黑的深淵。

⊙ 在閱讀中原諒與和解

安琪一把鼻涕一把淚地說：「我完全可以理解前夫當初的不得已，我真的一點都不怪他，而希望有機會能跟他和解……」她說道，因為聯繫不到前夫，所以她也無法將自己原諒他的訊息傳給前夫。

然而，當安琪在表達希望與前夫和解、協助前夫放下罪惡感的同時，訊息告訴我：「其實，安琪想要和解的能量，就在她說出口的此時，已經同步輸送給了前夫。」雖然這位前夫當下根本不知道我們在閱讀中讀到他……

神奇的是，當安琪流淚地講述自己早就原諒前夫時，我竟明顯地感覺到，前夫身上那原本充斥著痛恨自己、火焰般暗黑的情緒，慢慢地消散著，並轉為淡淡的、很輕盈的紅光，感覺它變得薄又透，而且釋放出輕鬆感，然後，隨著安琪那些以無條件的愛在理解、安慰前夫

的話語，這淡淡的紅光，又奇蹟般地轉為白色亮光……

就好似他從熊熊烈火中，完整地走了出來，走回了光之中一樣！場域能量上，也有著極度的大改變，從沉重罪惡，轉為輕盈聖潔！

這內視畫面生成了驚人的改變：原本安琪前夫在濃烈燃燒的紅團裡，我根本看不清楚他，只能隱約感知他的人形；但當他被白光圍繞時，形象越來越清晰，甚至看得到前夫的衣著跟動作。

⊙ 從白光中走出來的前夫

他穿著白淨的 POLO 衫，刻意地把領子豎起來，手還插在口袋裡，我感知到他小小耍帥的形象！

畫面中，他的能量年輕清秀，看起來比實際年齡小一點，甚至有點像小白臉。當我把這個形象描述給安琪時，她終於破涕為笑了！

安琪說：「對對對！確實，我前夫就是這樣子的長相！我跟他差不多大，但他看起來就比我年輕很多，白白淨淨的，像個帥氣的小鮮肉呢！」甚至她還進一步描述：「而且我前夫真的很喜歡穿白色衣服！他也很喜歡把手插在口袋裡；我印象中他只要穿有領子的衣服，就會豎起衣領耍帥！就像你讀到的畫面！」

前夫本來對自己的深層怪罪、不接納，匯聚成了海底輪想摧毀自己的怨恨負能量；但經過阿卡西探索與療癒之後，當安琪在閱讀中改變了兩人間舊的振頻，前夫也能接收到這份和解原諒的能量，與之共振，產生強大的轉變。

之前安琪與前夫之間，都被這股負能量牽引綑綁在一起，共處在罪咎的消磨之中。閱讀之後，即使前夫從頭到尾（甚至在未來）都不知道閱讀的發生；然而，當安琪看到前夫這股灼燒的能量，並在閱讀中透過激動哭泣的情緒釋放，加上願意寬恕的能量療癒，都是將雙方

原本擰得很緊的鏈條給鬆掉打開，讓雙方之間，留下的是明亮敞開的能量流動，以及，即使未必會再見面，他們也能互祝安好。

24 這輩子，注定要當小三

在讀開啟指令時，就獲得了清晰的訊息：「今生，Vanessa的事業，是被祝福的！」

我幾乎99%的案主都是陌生客戶，包含其他案主推薦來的Vanessa。我既沒有他們的背景資料，也不會打開他們的朋友圈。

我較多時間在上海，所以通常案主是透過微信加我閱讀；而在台灣的話，我會用LINE聯繫，或直接以手機通話閱讀。另外，在我一萬多個閱讀經驗中，面對面閱讀的次數總共也不到30次！所以我既不會知道對方的長相、身材、穿著，在閱讀前，案主的一切資訊，也都是零！

我時常在教授「阿卡西閱讀師認證課」時提醒同學們：閱讀前，不需要打開案主朋友圈去預覽他的背景，甚至連他的頭像都不需要看。因為阿卡西紀錄的浩瀚性是遠超過案主朋友圈中呈現的三維表象！

回到Vanessa的閱讀中，對於一開啟就稍來的訊息，我搞不懂高靈們所說的「事業是被祝福」是啥意思……我想了想：「啊！一定是Vanessa今天想探討的，是跟事業有關！」

結果，Vanessa劈頭第一句問的卻是：「我想問感情方面的事情。為什麼我這輩子，一直都是別人的小三？」啊，Vanessa問的竟然是感情困擾！

⊙ 我也不想當小三啊！

Vanessa說：「我也想有名正言順的婚姻關係。然而，事與願違，

我遇到讓我心動的理想伴侶，竟然都是有家室的人。要嘛是和我交往時對方隱瞞已婚的身分；要嘛就是他正跟老婆分居、辦離婚手續中，但幾乎都一直沒正式離婚；要嘛就是對方與原配已形同離婚、為了小孩勉強維持一張紙約的狀況。」

然而，不管是哪一種，渴望正常親密關係的 Vanessa，最終都只能是別人口中的第三者──即使聽她的表達與談吐，感覺她很有修養、禮貌，是很有家教的高級知識分子，確實不像那種拜金、不講私德、靠著被包養而享受榮華富貴型的小三。

她非常厭惡自己這樣的情感生活，她不斷強調：「我一點都不想破壞別人的家庭，可是感情這件事，遇上了我也很無奈。雖然對方都一再強調自己正在結束與原配的婚約關係，但我一路以來交往的男朋友，卻沒有一個能真正成功地辦理離婚手續的。」

在 Vanessa 痛苦、自責又委屈的陳述之中，我困惑地想著：「這根本與剛開始在連接紀錄時所收到的『事業被祝福』訊息無關啊！」我只好先把這個訊息放在一邊，著眼在「Vanessa 為何一直當小三」這件事上面。

訊息帶我看到一個小女孩，她面向前方，專心地看著一個女人，這個女性是她那一世的媽媽。她的媽媽有著強烈的怨恨情緒，因為，女孩那一世的父親有婚外情……母親怨恨婚姻中的被背叛、被拋棄，以及那個造成這一切的介入者。

我感覺到那個女孩，眼睛一直望著那位被丈夫背棄而傷心、爆怒、怨恨又歇斯底里的母親。她心裡既擔心媽媽，又可憐媽媽，她覺得自己一定要表現得更乖一點：「我不能再讓媽媽更傷心了。」所以，感覺得出來，她對媽媽是百依百順的。這是她當時能想到的，對弱勢媽媽的最佳保護方式。

訊息中顯示，女孩的爸爸媽媽婚姻觸礁的真正原因，並不是小

三。夫妻之間本就存在感情裂痕，而這道越來越大、最終無可挽回的裂痕，更多是因為母親吹毛求疵的性格、陰晴不定的情緒、拒絕溝通的任性，與得理不饒人的脾氣所致。

然而，被拋棄的母親，並沒有反思自己，反而把一切的矛頭、錯誤，都指向逃離婚姻的老公，以及那個鐵定是妖女的小三身上。

而且，母親甚至不斷給女兒洗腦，在女孩面前數落她父親是如何人渣、如何虛偽、如何惡意遺棄她們母女倆……母親把女兒也拉進了自己構築的仇恨深淵中。

這女孩只想著要安慰媽媽，並無法理性評斷「一個破碎的婚姻一定不是只有單方問題」的事實。她就只是乖乖地跟著媽媽一起拒絕父親的愛、詛咒那位小三（即使到她成年後，有自主判斷力，她也一樣跟著媽媽恨小三，而沒有看到媽媽才是婚姻問題的起點）。

她只知道自己要滿足媽媽，不然母親會更難過。然而她沒有意識到，在父母分離的事件中，自己並不是主要的被衝擊者，更沒有必要跟著母親一起恨爸爸、恨小三。但，那一世的她卻這樣做了。

女孩以冷漠絕決對待父親，讓想取得她諒解的父親心如刀割。女孩以鄙視咒罵對待小三阿姨，讓嘗試與她建立關係的小三阿姨，無助受傷。

於是，訊息轉到跟這一世 Vanessa 情感世界的相關安排之上。

⊙ 小三，這輩子的角色體驗

因為那一世作為女兒的她，懵懂地受到媽媽影響而憎恨了父親與小三，產生了一份不必要的糾纏能量。這股無名的怨恨之火，需要透過 Vanessa 這輩子也體驗一下身為小三的角色，成為「無害的小三」，以了解原來自己在過去世，是如何不明就裡地傷害了那位相對也是

「無害小三的阿姨」。藉由這些體驗，對小三的角色立場多了一份理解，而藉此平衡、鬆綁無謂的恨的能量糾纏。

紀錄進一步指出：「你無須責備怪罪自己。反而，你還要試著接納自己的小三身分。因為當你這樣做的時候，你等於同步也接納了過去世小三阿姨的角色。這無關是非對錯、普世價值、道德規範，這種安排的用意，是在拓展體驗的同時，促進對立負能量的化解。」

所以，Vanessa 必須先接受自己這輩子的小三身分，並且，訊息竟然強調，請 Vanessa 可以繼續小三的身分，只要記住，要做一個「無害的小三」，這樣就好。

這些訊息真是超越了我的小宇宙！因為作為一位有道德潔癖的人，我實在不太能接受自己讀到的這種訊息。當我還在狐疑時，電話中傳來 Vanessa 的低聲啜泣。

⊙ 請好好做個「地表最友善小三」

「就像你所說的，一直以來，我確實就是『無害的小三』，我真的沒有辦法去傷害我男友的家人……」Vanessa 哽咽的話語，讓我為之動容，因為那之中，我聽到的是良善的因子。「我真的從來沒有、也不忍心逼迫男朋友結束前段婚約，雖然我真的很想立刻與男友結婚，但，我真的做不到。以前我還埋怨自己，為什麼在自己所愛之前，不能勇敢地提出要求；現在我懂了，因為我本就該當一個不讓任何一方受傷的『無害』婚外情伴侶。」

是的！訊息說明：這個婚外情伴侶的身分，是輪迴旅程中互換立場的角色扮演，具有負能量平衡、促進靈魂昇華的目的性。

所以，Vanessa 甚至應該不要自責地、認分地把這個角色扮演好；做溫和的小三、講理的小三、理性的小三、善良的小三、無害的小三。

此時，「今生，Vanessa 的事業，是被祝福的」訊息，又一次跳了出來！這時候，我總算了解這個打頭陣的訊息，到底要說什麼了！

原來，Vanessa 今生主要的課題是面對艱難與複雜的感情；為了讓她能專心面對感情關卡，所以宇宙安排給她的今生「利多」就是：「工作上的如魚得水！」因此，Vanessa 此生的優勢，就在事業上。

這樣安排的用意是：一方面支持 Vanessa 成為能養活自己的獨立女性，而使得她在介入他人婚姻這件事上，動機是相對單純的。畢竟訊息讓我感覺，以她的事業成就與收入，她完全不是要靠男人包養的人。所以足以證明，在親密關係中，她的追求，為的只是尋找真愛。

而另一方面，自己見不得光的身分難免會讓 Vanessa 有深深地罪咎感，與「我不配得正常情感關係」的自我否定，這念頭會時不時地侵蝕 Vanessa；此時，工作上的亮麗表現，能讓她看到自己值得肯定的部分，以讓她的自我內耗喊停。

⊙ 無須擔心工作，專心面對業力平衡

高靈指出，當 Vanessa 想到自己感情狀況一塌糊塗時，再想一想會發現：「但是，我也並非很糟糕的人，畢竟我的事業是很順遂的。我並不是一個全然的失敗者。」所以，「事業是被祝福的」這一點，能讓洩氣的 Vanessa 不要怪罪自己而失去前進的力量。

聽到這裡，Vanessa 總算回復了笑容說：「確實，我也不知道為什麼，我並沒有多大的事業企圖心、也不是拚命三郎型的人，但每當我換一個公司，我的職務與薪水就會向上三級跳，讓旁人羨慕不已。我的職涯發展就像你讀到的，真的是一帆風順、扶搖直上的！」

所以，Vanessa 今生可以全心投入情感課題的試卷中，異地而處、換位思考，以智慧與良善，盡力讓她與男友夫妻的三人關係之中，盡

可能不製造傷害或仇恨，也可以活出愛。

最後，紀錄表示，Vanessa 今生在親密關係裡，不需要執著地追求婚約關係，而更多的是享受相知相惜的兩人甜蜜世界，這樣就好。畫面中，高靈們讓我看到 Vanessa 晚年時，有獨享自己一人的清淨生活，也有攜手男友飛往世界各國旅遊的甜美時光。訊息指出，這是一個善良的女人，在靈魂漫長的旅途中，以智慧習修情感學分，讓自己在愛中努力成長，最終所應得的閒雲野鶴！

這美麗的畫面，讓 Vanessa 與我都為之動容。原來，有的小三無關是非對錯，因為在推動靈魂成長的需求之下，一切都被源頭之愛無條件地包容著。

心靈即時通

* 即使小三身分不符社會情理法規，但閱讀中要 Vanessa 放下罪惡、妥善處理、厚道面對的訊息，展示了不一樣的阿卡西視角。

* 一如 Vanessa，世俗定義的小三，在靈魂全局觀點中，也只是為了推動仇恨的解除，為了個體的成長，而安排的一種角色扮演，僅此而已。

* Vanessa 要在今生感情課題中，學到包容、理解、不怨懟、不對立。而我從這個閱讀中也學習到：在高維的阿卡西中，一切發生，都有原因！即使看似不完美，也是靈魂為了讓我們更完美的安排。我沒有了批判、我只有了更同理。

* 婚外情的背後，也許有我們頭腦所無法理解的因果緣起。Vanessa 的案例，讓我對婚外情這件事，不會再像以前一樣地一味唾棄，而相信它可能具有不同靈魂層次的多因性。

25 | 前一秒還想離婚……

　　在婚姻伴侶有關的個案閱讀中，時常一開始案主的主訴是對另一半的各種憤怒與不滿。然而，阿卡西紀錄閱讀能帶著案主感知到伴侶靈魂層面的愛的品質，這高頻震動實相，往往讓案主感動不已，一掃之前的抱怨；剩下的，只有對另一半的無限情懷與感謝。

　　這次閱讀的案主小紅，在之前幾次閱讀中曾稍微提及，子女的教養問題使得夫妻間常出現衝突與矛盾；然而，那幾次閱讀並沒有特定針對夫妻問題進行挖掘。

　　而這一次小紅專門來詢問的，便是夫妻關係。因為這段時間，又為著小孩教育理念的不同，而引發與丈夫一連串的口角，兩人爭執不斷，也互不相讓，對立情勢飆升到一發不可收拾的地步。

　　長久以來，溝通的失調，不但一次次破壞著夫妻感情、也使得孩子們無所適從，這些都讓小紅對婚姻心灰意冷。再加上吵架期間丈夫各種失格的表現、冷漠的態度，都深深刺痛著小紅。她意識到，自己與丈夫之間，存在著性格與處事上的南轅北轍，價值觀與想法上也走不到一起。所以，經過深切的思慮，這一次，她決定長痛不如短痛，想要結束這段婚姻關係。

⊙ 帶著案主進入紀錄連接中

　　在我所師承的美國阿卡西權威、琳達‧豪博士的閱讀認證師教學架構之中，極度地強調「能量大於訊息」的核心理念；也就是，當我作為下載訊息管道的閱讀師時，必須去感受「能量的展現」，順應「能量的流向」，並忠於「能量的傳遞」。在這個閱讀之中，紀錄能量並

沒有出現任何跟小紅是否該離婚、小紅與丈夫因果或課題等的訊息，沒有！反而能量竟讓我感知到的是：「你帶著小紅進入紀錄能量場中，讓她自己去面對丈夫。」

這真是奇了怪了！我還是第一次收到這樣的能量指引。十分不解的我，再三向紀錄確認：「確定要這樣做嗎？可是我知道小紅不會冥想，更不懂阿卡西連接，她能如何在紀錄中自己面對丈夫呢？這樣做能解決小紅的離婚問題？……」我拋出了一連串的問號，想推翻我收到的這奇怪的能量感知。

但是，能量訊息非常明確，就是要我這樣做。

我只好硬著頭皮問小紅：「我感知到要帶妳進入阿卡西場域，妳OK嗎？」想當然爾，小紅不懂我在說什麼。我告訴她，我會引導她進入冥想狀態、進入紀錄場域，這整個過程都是在高維存有的指導之下進行的。

她雖然還是有點不明所以，然而可能是基於之前幾次我為她閱讀所建立的信任感，她願意嘗試看看。

於是，我也第一次的，進行了這個「高維引導我、我再引導她」形式的連接。

接著，我感知到高維指示的引導順序，跟隨這股能量感，我將之化作導向話語，轉述給小紅聽：「現在，請先閉上眼睛……放鬆自己……穩定住呼吸……試著讓意識集中……」我一邊接收引導的訊息，一邊轉述給小紅以導引她。

為了確保每一步向前進的層次，小紅都「跟上了」，所以每個步驟，我都會詢問小紅：「妳有感知到嗎？……繼續OK嗎？……」而我每次詢問，她給我的回答都是肯定的；當然，我也會同步去感受並分辨她的能量波動，以確認她是否真切地被引領至高維層次。

終於紀錄領著小紅到達了紀錄之心，那純淨明亮的光之場域中。

至此，小紅已經安坐在明亮的光之場中。我又開始疑惑著：小紅進入了連接，然後，會發生什麼呢？

接下來訊息是：「現在，請讓小紅觀想她的丈夫，感受丈夫就坐在自己的前面……」我請她試著做做看。（但這並不容易。我真的擔心她是否能進行這種與人面對面的內觀，所以我心中泛起了嘀咕：等下小紅若啥都沒感覺到，怎麼辦？……）

然而，出乎我意料的是，小紅很快地回答：「我已經看到我老公，他坐在我對面了。」說實話，當聽到小紅如此迅速又篤定的回覆時，我除了很詫異，也很為她高興！

⊙ 在愛之前，言語都變得蒼白

然而，真正驚人之處，還遠遠不止於此！因為，接下來小紅竟瞬間泣不成聲地哭了起來……

電話那頭，我聽到她激動的口吻、邊哭邊斷斷續續地說著：「天啊，我發現……嗚嗚……我老公……他……他……真的好愛好愛我……我可以感覺到……嗚嗚……他對我那份……非常非常濃的愛意……」

此刻，電話這一頭的我，竟然也同感那份深刻地愛的頻率，忍不住淚濕了眼眶。

原來，愛的力量，能夠容納一切、改變一切、創造一切。

原來，在愛的前方，沒有任何事物，會成為阻擋！

原來，愛具有神奇的轉化性，包含把恨轉回為愛！

閱讀至此，作為閱讀管道的我，再說任何言語都已是多餘而蒼白

的了。

因為，前一秒還怒訴著要離婚的小紅，在她感受到老公靈魂層次那浩瀚的愛之後，轉為受愛感動而泣不成聲！她從高維引領的視角中，看到了老公這一路走來，即使多有衝突，然而，確實自始至終都對她不願背棄、照顧有加、愛意飽滿！

此刻，離不離婚的困擾，便已不復存在了。

而我也透過這神奇的連接方式，被小紅夫妻深深地感動、深深地療癒、也深深地被愛包圍著。我的嘴角，有著溫暖的微笑，甜甜的。

後記

這是我第一次接收到「帶著案主進入連接」的阿卡西訊息指引。而沒有任何身心靈接觸或冥想經驗的小紅，竟能一步步地跟上我所感知到的阿卡西引導流程，令我非常驚訝。

這讓我深刻地認知到：如果高靈們對案主有這樣的引導安排，那麼，即使案主是靈性小白，他們也都能跟隨引導，校準連接，獲得療癒！

這次經驗讓我對阿卡西紀錄連接的浩瀚，又有了更大的定義！時常，在為個案閱讀的經驗之中，我都是得到最大殊勝收穫的那一方！往往，那些深層療癒了案主的紀錄訊息，更大程度的，也療癒了我。

Part 5 財富與豐盛篇

財富,當然是要努力追求的;
然而,也存有著其他的變因!
如果非常努力卻仍無法獲致同等報酬時,
建議你找找自己是否有財富的限制性信念,
以及其背後的因果關卡。

與財富有關的另一個核心是:
若本著利己的心,你獲得的只會是與付出對等的溫飽回報,
而本著利他的心,你將獲得足以照顧他人的大大豐盛。
所以,請記得保有一份真誠且願意給予的發心!

任何時候,當你的努力中包含了助人的念想,
那財富,會以各種方式從天外向你匯集而來。
請相信,豐盛,也是帶有使命的,
任何與生俱來或後天得來的財富,
除了當然要開心地享受之外,
你也有著「要好好發揮它們所攜帶能量」的使命與責任。

26 承接宇宙豐盛的大盤子

　　大飛先生原本只是想概括了解自己，以及孩子的教養問題，屬於體驗型的閱讀案主，卻沒想到，讀到與財富豐盛有關的背後故事。

　　在訊息下載的一開端，大飛先生根本還沒開始問問題時，就出現一個宇宙之中「超級大盤子」的畫面！

　　這個盤子扁平廣闊，形體巨大。搭配畫面的訊息是：「宇宙會注入豐盛到這個盤子中，因為宇宙知道『盤子』承接之後，會把豐盛倒給需要的人。」

　　「好奇怪的訊息啊……」我心裡這樣想著。

⊙ 努力拚搏成富翁

　　原來，這位高科技產業典型 IT 男的大飛先生，確實是位超級有錢人。不過他並非天生豪門型的人。

　　具有科研專業背景的他，年輕時就創立公司，做 IT 相關產品的研發。曾經，這個公司小得挺可憐，以至於新婚不久，他就央求老婆辭了她有聲有色的工作，進到自己公司，從櫃台、行政，兼做到業務。兩人胼手胝足一起打拚，是典型的共患難、共刻苦的創業夫妻檔。

　　大飛先生人生的前半段，日以繼夜、勤勤肯肯地拚命工作，就連週末都少有時間休息。直到他 45 歲時，公司被一個大型 IT 集團看中，以鉅款把大飛先生的公司併入集團旗下。

　　這一次的併購翻轉了他的人生，讓大飛先生夫妻倆一夜之間成了億萬富翁！這戲劇性的發展，似乎照著「拚命努力就會發財」的劇本

在撰寫的；但此時我心中冒出一個疑問：相信有很多人都像他們夫妻一樣，奮力地拚事業，但並不是所有努力的人都能一夜致富啊！

此時，我接收到解答畫面：鄉下的河邊，有一位洗衣老婦人，就是大飛先生。她看起來家境並不好，以幫人家洗衣服來謀生。但這位老婦人一點都不以此為苦，更不以為恥，她洗衣服洗得認真投入，還樂在其中，彷彿洗衣服是件非常尊貴且超有成就感的工作一樣。

⊙ 熱心助人的洗衣婦

平日，洗衣老婦人對周邊的每個人都非常關心！隔壁老王經過她身後，洗衣婦回頭問他：「老王，你老婆身體好點沒？前幾天給她燉的湯喝了嗎？」或看到走路上學的鄰居小孩，老婦人扯著嗓子提醒他：「今天變天啦，你穿這樣要感冒的，去多加件衣服啊！」

就是這份古道熱腸，讓宇宙知道，她那份想要幫助別人的心，是何等的真誠無價。

這無私助人的發心，並不需要擁有家財萬貫，也能做到；也未必僅能透過財布施，才能助人。洗衣婦只是一句口頭的關懷，這份發心，也已經成立了。

⊙ 持續給予分享的大盤子

大飛先生非常驚訝地說：「怪不得！我的掌心天生就非常粗糙，可能我真的曾洗過太多衣服了！」哇！太酷了！

另外，我們再來檢視：宇宙中的這個大盤子，在一夕致富後，是否真如閱讀中呈現的那樣，「大盤子承接豐盛之後，會把豐盛倒出去給予需要的人」呢？

這個盤子（正確的說，是大飛先生），其實在致富之前，就常力

所能及地做很多慈善捐贈；在獲得大量財富之後，大飛夫婦更是不遺餘力地做善事：長期捐助偏遠山區成績優異學生的助學獎金，為貧困家庭中患重症的孩童提供救命的手術款⋯⋯等。

　　同時，大飛先生的這份無私給予，也並不僅限於金錢上。在職場中，若遇到任何人需要給予建議、分享資源、關係牽線，他也都把別人的事當成自己的事一樣，竭力而為。

　　大盤子確實不愧於宇宙的所託，持續把豐盛，分享給需要的人。一如蹲在河畔，邊洗衣裳邊關心鄰居的婦人。

心靈即時通

* 世俗的財富，並不只有個人享樂的單純用途；當然，擁有財富也並不意味你還得刻意清苦地過生活。只是，你可以在享受高品質生活的同時，不忘記各種方式的助人。財布施、法布施、無畏布施⋯⋯各種分享關懷、與他人連結也都是。

* 請不要瞧不起任何階層低下的人。每種角色扮演，都只是為了展開各自的今生課題考驗。而且，我們都是平等的考生。

* 如果你正處於生活困頓之中，也請千萬不要自暴自棄。因為，純淨的發心，是不論榮辱、不分尊卑的。甚至，也許相對更加平凡的生活條件，更有利於心靈的專注修養。

* 如果你擁有天助一般的優渥條件，不論是財富、地位、權勢或天賦，都請不要浪費、濫用或藏私。盡量善用，並本著真心去分享吧。

* 即使是一句聽起來並沒有實質幫助的關懷問候，只要沒有半點的虛偽應付，都有能量的匯聚積累。這份愛的能量，就向宇宙傳播出去了！

* 分享大文豪海明威曾說過的：「給我們帶來意義和歸屬感的，是我

們自身的行動，而不是周圍的環境。」不論有錢沒錢，都充實地生
活吧！

27 省著點花錢吧！

　　我的一位朋友 A，介紹了 Jay 來找我閱讀。一如既往，我既不會向 A 詢問案主 Jay 的背景，我更刻意地不讓 A 透露任何 Jay 的訊息給我！

　　因為，閱讀之前，去私下了解案主的背景，看案主的朋友圈、頭像照片……是完全沒有必要的！因為，閱讀中所收到的阿卡西高維訊息，往往會比世俗的現況來得浩大與多層次許多。

　　從另一個角度來講，我也認為那是種「靈性閱讀的作弊行為」，更是不應該的。所以，對我來說，我總是「零準備」的去閱讀。

　　我只會在閱讀通話之時，當場詢問案主證件上的名字，並透過證件名字作為連接記錄資訊的錨定點，即時連接此人的阿卡西紀錄篇章。而這樣「零準備」的連接，反而更能觸及到超越此人三維世界真正的靈魂真相！

　　所以即使 Jay 是我朋友 A 的好友，他對我來說，就是妥妥的陌生案主。

　　Jay 的問題通俗又實際：「我已經四十多歲，人生到此都算是一帆風順，也豐盛富足。這幾年已經臨屆退休，我想知道以後的生活還能豐衣足食嗎？我賺的財富夠我晚年花嗎？」

⊙ 宇宙的溫馨提醒：省著點花錢吧

　　此時，高靈給了一個饒富風趣又直接了當的回答：「不要亂花錢，就會足夠的！」我雖覺得這是老生常談的道理，但還是乖乖地傳達給

了 Jay。沒想到，他聽了之後哈哈大笑許久，然後告訴我：「我完全懂得高靈們所說的意思！我真的是不應該亂花錢的，我懂！我徹底的服了！哈哈哈！」

這時候，換成我滿頭霧水了！我不懂這句再普通不過的「別亂花錢就會足夠」的訊息有什麼含金量，還能讓 Jay 如此臣服。

Jay 向我解釋說，自己一直是狠狠賺大錢的人，但同時，也是個會狠狠花大錢的人！他告訴我：「介紹我來找你閱讀的那位 A，我就是她業務中的超級客戶！我對她業績的貢獻，若不是第一大，也至少是前三大了！」

原來，那位介紹 Jay 聯繫我、做國際貿易的 A，她的其中一項業務，是做進口跑轎車的銷售。Jay 告訴我：「我真的是她的超級VIP！哈哈哈！我跟她買過很多輛限量超跑。」

從他爽朗又帶點自嘲的笑聲中，我知道，他已經清楚，他的財富豐富是沒有問題的，但若無度的揮霍（例如：一直買跑車），也是會捉襟見肘的！所以，退休後的晚年生活，省著點花才是維持豐沃生活的王道！

是的，再有錢的人，若一直沒有節制的消耗，就算是聚寶盆也會有見底的一天。尤其是晚年，以量力而為的保守方式理財守財，許是當下的最佳的利益。

28 所有都獻給老婆的財務長

潘太太劈頭就問：「我到底欠我老公什麼啊？」

在別人眼中，潘太太是令人稱羨的貴婦！潘先生是某跨國公司的財務長，雖然工作繁忙、常出差，但每年總會抽空安排幾次長假，帶老婆去世界各地旅遊。他還時常大手筆支持老婆與閨蜜、姑嫂一起出國買買買，對老婆的家人也照顧有加。他們夫妻甚至協議不生小孩，以免影響婚姻生活的品質；丈夫不嫖不賭、不菸不酒，一下班就跑回家享受兩人世界。

聽她說著丈夫的狀況與優渥的生活，我難以理解，她為何會蹦出自己欠老公的想法。然而，閱讀中確實展現了夫妻倆人的因果現象。

一張單人床，擺在光線挺明亮的小小房間內，床上躺著一位重度殘障的青年，是不良於行、要 24 小時照護的那種。青年雖有肢體上的殘缺，但他的腦子並沒有受損。重殘青年有著正常的思惟，也清楚周遭的人事物狀況，然而受限於生理的殘缺，他無法精準地表達與溝通。

在小小的房間中，有位忙進忙出、較為年長的女性，是殘障青年的長姊。大姊大齡未婚，所以照顧家中小弟的擔子，就落在她身上。

紀錄顯示，這位臥病在床的青年，就是這一世作為集團財務長的潘先生。同時，你大概也猜出來了，是的！那位大姊，就是這一世的潘太太。

⊙ 依賴長姊的弟弟

大姊對重殘弟弟的照顧，其實挺盡責的。只是這種長照的日子，

不但望不到盡頭，更見不著弟弟好轉，難免消磨人心。而且，因為弟弟無法清楚說話或做出回應，日積月累下來，即使有再大的愛心，都因為勞累繁重、枯燥形式化的日常，而讓這位長姊逐漸失去耐心。於是她從有溫度的照護，慢慢變成了靜默的例行公事，沒有情緒沒有交流，生冷得像個機器人一樣。

再加上，姊姊也是人，偶爾也會想休息或偷閒，所以她有時會趁著出門買菜的機會，順便混久一點，讓自己喘口氣。

當大姊對弟弟的照顧已變成交差了事、並不會跟弟弟講話時（即使弟弟是聽得懂的），每次大姊無聲無息的出門，弟弟就陷入一種「覺得姊姊要拋棄自己」的極度焦急與恐慌；因為如果姊姊不見了，就沒有人照顧他了。

這輩子的潘先生對太太，也沿貫這樣的依賴；而且他對她只有一個要求：「請不要離開我、請一直在我身邊陪著我！」

潘太太聽得十分訝異，語帶挑釁地問道：「要我一輩子死守在他身邊？那他能給我什麼？」紀錄中這位弟弟立即回答：「我會把我的所有，全部都給你。」

⊙ 黏著老婆的老公

就是這一份願想，讓這輩子潘先生的工作，必須平步青雲、必須事業有成（訊息非常濃烈地讓我感覺到「必須」這兩個字），唯有這樣，他才能給太太（那輩子的大姊）優渥無憂的生活，以換來太太的不離棄。

因此，「作為財務長」是被賦予的必要身分，作為高薪階級、成為家中經濟來源，滿足老婆想要的生活品質，也掌握對老婆的支配權，而讓老婆當個貴婦、在家待著就好。

可見得，豐盛的財富，潘先生並不是為自己而賺的！這只是他能把太太留在身邊的物質條件設定。潘太太低聲的回答：「確實，他這輩子是這樣的，他總是願意滿足我的所有需求。」

了解了這個因果，潘太太體會到那位殘障弟弟害怕大姊消失的無助感，因而覺得自己這一世必須陪伴老公的這一點，從犧牲與負擔，變成了甘願與承諾。

潘太太接著說，老公身邊不乏許多年輕漂亮的同事，但在他眼中，似乎只有自己的太太是最最完美、無可取代的；所以對於別的女人，先生是正眼都不瞧她們的。

只是，潘太太還是苦惱地說：「但是，我老公實在是太緊迫盯人了。他不上班的時候，會一直黏著我，只要他一到家，我是哪兒都不能去的；要是我偶爾比他晚回家，他會煩躁不安、鬧情緒，甚至不斷質問我；即使我只是去附近買個菜，他也會瘋狂地奪命追魂叩，問我何時回家……」

這強烈的占有欲，讓潘太太倍感壓力，已到了要爆炸的地步。她覺得在這樣的關係模式中，完全沒有自我可言，甚至覺得自己的忠誠被質疑，而感到氣憤委屈。

⊙ 語言承諾與焦慮安撫

高靈的指引告訴她：「請時常告訴你先生『我會一直陪在你身邊』這樣的話語，以消除先生作為殘障弟弟那一世擔心姊姊可能會遺棄自己的恐懼陰影。」這樣能讓潘先生（殘障弟弟）更加安心、逐步走出不必要的焦慮，而潘太太（大姊）則能拿回更多的自由。

當轉一個念頭，潘太太可以盡情享受這位財務長、乖乖牌老公全然願意給予自己的、他這輩子的所有財富呢！

* 這輩子功成名就的人,也請不用太驕傲自滿!因為說不定,這只是 為了要滿足你生命中的其他人或支持某項靈魂之願,而設定的成就 劇本。

* 作為既得利益者,請以感恩的心,欣然接受對方願意給予的所有榮 華富貴吧!當然也要適度的回以對方所需要的部分,盡量做到能量 之兩平!

* 對於殘缺者,除了身體的照顧之外,不論他們是否能做出回應,請 也耐心有愛地做到心裡的呵護。

* 如果你覺察到,自己對於某人某事有莫名的占有欲,請試著了解一 下背後的原因,有助於將之放下,不再能量糾纏。

29 阿修羅——財富受限的因果

　　Rachel 與憂鬱症對抗了很多年，起源是對自己財富狀況的極度不安全感。但其實 Rachel 在金錢上並不是真正匱乏，而且他的家族稱得上挺富足的。

　　Rachel 的大哥是位成功的商人，還帶領著家庭成員們一同投資工廠、買房，生意做得風生水起，事業版圖甚至還拓展到東南亞與歐洲。只是不知為何，Rachel 與大哥之間總出現無端的摩擦，最終導致 Rachel 被大哥排擠在家族企業之外。Rachel 只能眼巴巴地看著家人事業越做越大、越賺越多，自己不但沒機會在家族裡伸展一己之才，更無法從中獲得更多的財富。

　　不論在事業上或相處上，自己與家人們漸行漸遠，尤其跟撐起一大家子的大哥，更是水火不容。常久以來，Rachel 各種情緒無法宣洩，這才逐漸出現了憂鬱的精神狀況。Rachel 很擔心自己精神狀態的時好時壞，更擔憂晚年餐風露宿，無法養活自己。

　　其實，在閱讀一開始，先跳出來的，竟然是一位威武嚴厲的「阿修羅」，全身散發著讓人震懾不已的氣勢！訊息顯示，這位阿修羅，就是 Rachel。阿修羅銅鈴般的大眼怒瞪著，犀利的眼光中好像隨時可以射出利箭一樣；他的雙拳緊握、雙臂弓張著，似乎只要見到任何不義，就要立即揮拳武嚇一樣。

　　我不懂這個劈頭就出現的阿修羅代表什麼意思，不過我並不急著想要探索，因為我知道在後面的閱讀中，答案總是會在最佳問題點上出現的。

　　至於 Rachel 的財務停滯狀況，紀錄則呈現一則因果敘述。在那

一世，Rachel今生的大哥是位富有的老員外，Rachel則是幫忙打點帳務的管家。管家（Rachel）做事盡責可靠、表現優異，把老東家的帳目管理得井然有條。久而久之，老員外對這位管家，從信任到交託，逐步把資產全部交由管家打理，並鮮少再核驗細查了。

⊙ 前世的中飽私囊預告今生的兄妹嫌隙

但在員外全然信賴的依託之下，那一世作為管家的Rachel，卻起了貪念。利用職務之便，時不時地東挖西搆、暗渡陳倉，雖然每次搬運的金額為數不多，卻也中飽了私囊。而因為員外對管家已經是用人不疑地相信，再加上管家是以積少成多的方式分次竊挪，使得帳務整體看不出明顯的漏洞，所以員外一直被矇在鼓裡。

然而，這份背叛，即使員外不知，卻已知、天知、地知，更不會被靈魂紀錄遺漏！即使在那一世，富有的老員外（大哥）至終都沒有察覺到帳目的異狀。

而這一世，員外變成了大哥，還是一樣很會賺錢、照顧一大家子的人；而管家變成妹妹Rachel，也還是一樣很有財務會計的天賦，做事也很幹練。大哥總會盡量安排親戚到公司上班，曾經也給妹妹Rachel安排了財務相關的職務。

但奇怪的是，在這一世，Rachel優異的工作能力，在大哥公司裡卻總像受到詛咒影響一樣，無法正常發揮。事情一遇到Rachel，會時常莫名出錯；原本順利的案子突然在她手上搞砸……每每地徒勞卻無功，讓妹妹英雄無用武之地。這更使得兄妹間產生嫌隙與離間。就像一年多前，大哥有一個國外的投資大項目，Rachel很有洞見地分析覺得無利可圖，而阻止大哥投資，但大哥完全聽不進她的建言，堅持投資，最終大哥幾百萬美金血本無歸，還陷入一場複雜的官司。

⊙ 兄妹鬩牆引發憂鬱症

Rachel 說，自己最終還是被大哥趕出了公司。懷才不遇的她受到極大的打擊，患上了憂鬱症，以至於無法找其他的工作，只能在家中一邊陪伴年邁的母親、一邊憑著自己對數字的靈敏度，做些線上投資，賺點基本生活費。

訊息告知，首先，Rachel 不用擔心晚年生活中最重要的居住問題！因為，作為管家那一世，Rachel 確實在打點帳務上給予員外很大的助力，所以，這輩子大哥會給她住所上的資助。

Rachel 聽了之後安心許多，她說：「確實，我現在住的房子，就是我大哥的。那這樣，他應該是會一直讓我住著。」原來，即使在工作上兄妹反目成仇，但大哥還是把自己名下的其中一棟房子，以無償免租的方式讓妹妹住。這可說是員外對那一世管家貢獻的一種回饋。

然而，除此之外，Rachel 要想在大哥公司的體制內賺到錢，那就不可行了。畢竟，那一世作為管家的 Rachel 曾侵占了員外的財產，即使為數不多，但那一份貪婪的挪用，致使這輩子的大哥（員外），對 Rachel 升起了無名的戒心與深深的不信賴感；Rachel 此生不會再有機會經手大哥的財務，也無法像其他家人一樣，享受到大哥給予源源不絕的豐盛。

她只能透過自己天生對數字的敏銳度，來自給自足。即使自己賺得的財富顯得有限、局促，然而，這是 Rachel 此生要學習的「君子愛財，取之有道」，並坦然接受今生的考題測試。

⊙ 嚴厲的阿修羅 VS. 慈悲的菩薩

可能有的人會說，這就是報應吧。但我閱讀到的訊息卻是：這位同時也具有阿修羅靈魂特性的 Rachel，對自己管家那一世的做為，

閱讀一開始跳出來一位威武嚴厲的「阿修羅」，全身散發著讓人震懾不已的氣勢！
結束閱讀後，Rachel 告訴我：「曾有位通天眼的大師，他感知我的前世，也說我是阿
修羅！跟你讀到的一樣。」

有著高度的自我批判，所以呈現出憂鬱症的狀況。而透過這次阿卡西靈魂紀錄的閱讀中得知，這一世財務限制的設定與安排，是阿修羅要讓自己在靈魂層面認知並體驗到：堅持對人的誠信，是必須的，也是無價的。

同時，高靈也是慈悲的，因為就在 Rachel 表示「我並沒有接觸什麼阿修羅，但我覺得自己跟一尊觀音很有緣，所以把祂請回家每天供養著」時，訊息告知我們，這尊觀音，就是在 Rachel 這阿修羅對自己充滿批判的同時，來給予 Rachel 無限的慈悲與包容的。這尊佛像的有形之身，讓 Rachel 感受到一份平靜、庇佑與陪伴，讓她不要因為曾經的過錯而一直陷在過度的自責與憂鬱中。

Rachel 聽完之後，語帶感慨動容地說：「真的，這尊觀音，給了我很多心靈上的慰藉，也讓我的憂鬱症舒緩很多。」是的，觀音菩薩，代表普渡眾生的慈悲啊！

最後，高靈也提供另一則訊息：Rachel 以後會得到另外的財富，是來自母親的遺產。（而這又牽涉出另一則前世故事，詳情不在此延展。）

在我們結束了閱讀、要掛電話之前，Rachel 告訴我：「曾經有一位通天眼的大師，他握著我的手感知到我的前世，是阿修羅！跟你讀到的一樣。」Rachel 說完這句話，換成我莫名的感動了。

其實，不管是阿修羅還是觀音，不管是做錯事還是要補償，在這個閱讀中，我感受到鐵面與慈心、嚴厲與寬容，如太極陰陽之道，既對立又互為輝映，伴隨一次次的輪迴轉化，如夢幻泡影，如露亦如電，在我們身邊上演大千世界的精采劇本。

心靈即時通

* 在每個人的靈魂紀錄之中，不論當事人有所隱瞞，或對方當下並不知情，但因果自有其能量不滅的定律。

* 在慈悲的源頭法則之中，沒有任何過錯是不能被原諒的。只要當事人願意探索曾經犯下的錯誤，接受自己該面對的，並且珍惜這件事帶來的教育，甚至進一步做出改變、回歸正道，那麼這個過錯，就彰顯了它對靈魂成長的正向貢獻，其業力也逐漸釋放了。

* 若遇到身懷絕技卻懷才不遇的狀況，可以探索背後是否有因果業力。找出原因，才能做出調整，讓下一步回歸中道。

* 憂鬱症也可能是源於靈魂對自我批判而積累出來的，這是根源的因；而人世間重大打擊事件的外力創傷，可能只是表象的果。

* 也請學會適度地原諒自己！面對現世、過去世，都不要太過較真；往者已矣，來者可追。當然，這份寬容，也請大方地給予我們身邊的人。

* 什麼錢該賺、什麼錢不該賺，這絕不是什麼高尚的大道理，這是基本法則。因為，我們所做的事情，天知道、心知道、靈魂知道，阿卡西紀錄更知道，甚至每一筆帳，都記載得一清二楚的。

* 因果有循環不滅性，不該是我們的就會安排某種程度的償還；因果也有慈悲包容性，我們隨時都可以洗心革面，重新再來過。

30 為什麼拒絕錢財呢？

　　誰不希望自己更有錢？財富與豐盛沒有對錯，終極來說，它也是能量的展現。那我們何不允許財富是以順利輕鬆的方式展現呢？！畢竟，擁有足夠的金錢，能為我們帶來滿足與安全感。但對很多人來說，富貴很遙遠，事實與夢想相違背。為什麼會這樣呢？

⊙ 賺錢有毒！

　　這位案主凱文想知道為什麼自己有一種怪毛病：總會不自覺的把該獲得、該爭取的財富往外推，好像錢有毒一樣！同時，他也覺察到自己內在有一種「愛賺錢是種貪婪罪惡行為」的想法。這樣的財富關卡，他很想做出改變！

　　凱文是承接活動布展的廠家，他的公司人才輩出，團隊也進取有為。作為公司老闆的凱文，主要負責對外的客戶開發，他明明可以透過積極比稿得到很多案子的，但那個「不應該那麼愛賺錢」的聲音，總是繚繞在腦海中，讓他成為一個非常不積極開發新客戶、也不太去討好甲方的乙方。

　　公司的客戶幾乎都是配合多年的老主顧，這導致業績雖然算是過得去，但也無法交出持續增益的成績單。

　　他覺得，自己這個毛病，實在有點對不起公司裡滿腔熱誠、想為公司賣命的小夥伴們。而且，雖然自己目前收入還可以，但凱文意識到自己抗拒賺錢的問題，會阻斷任何可能的致富機會。

　　當凱文詳細地陳述自己的問題時，我同步接收著訊息。紀錄檔案顯示，凱文的某個前世，出生在頗為富有的家族，父親既會做生意，

官場關係也通達，所以家裡條件優渥，幸福和樂。

⊙ 富有人家遭遇劫難

然而，鏡頭一轉，這家人被土匪盯上了，整個大宅院裡呈現燒殺擄掠、逃竄求饒的慘烈畫面。家族受到生命威脅，只有凱文與幾位家人幸運地逃過死劫。劫難過後，畫面中幾個倖免於難的家人，在災後終於聚到一起，他們心有餘悸、抱頭痛哭，格外珍惜這劫後餘生的生死重逢。

紀錄讓我感知到，剩下的幾位家人圍坐在一起，心裡面不約而同地有了這樣的想法：「再多的金銀財寶，也比不上能與家人平安團聚來得重要。」

更甚的是，這掠奪事件讓他們檢討並發現，就是因為當時家境富有，才會引來宵小覬覦，而導致殺身之禍。於是，一個非常堅定的信念隨之而出：「有錢就會遭遇危險，富有就會使家人性命堪憂。」

就是這種信念，至今仍深深地影響著凱文看待金錢的觀點。至此我們知道了，原來凱文他那「不應該那麼愛賺錢」的固有意識，其底層能量，是源自於那一世富翁父親因賺得多而導致全家被掠奪的結果；所以凱文的靈魂層次（潛意識）並不歡迎金錢，他深信只要一有錢，就會不安全。

另外，那一世衝著金銀珠寶而打劫凱文家的土匪們，也在凱文的記憶庫之中埋下了根深柢固的定義：「愛錢會讓人升起掠奪的罪行」，一如那些盜匪，就是貪婪驅使他們變得邪惡的。

⊙ 擁抱富足的新信念

這些，都是源自過去創傷，是凱文需要調整的財富自我限制信

念。阿卡西紀錄訊息告訴他：「可以從現在開始，重新設定自己的財富信念，以新的意識來替代舊的限制信念。」

我們能如何做信念的新舊交替呢？我試著在紀錄中感知到下面的一些紀錄建議：

＊我知道賺大錢變富有，是非常安全的。

＊我能盡情享受財富豐盛帶來的喜悅，同時我也是受到保護的。

＊積極賺錢是非常美好的事，也是正正當當的事。

＊我可以與家人們一起享受我努力賺錢所收穫的豐碩成果。

＊我輕鬆順利地賺到財富，不會因此升出邪惡的念頭。

＊我賺到的錢，會被我穩定安全有保障地持有著，並不會被別人覬覦。

＊賺得盆滿缽滿，證明我具有優越的賺錢能力。

最終紀錄提醒凱文：「即使阿卡西閱讀挖掘出了你抗拒金錢的根本原因，也給予了財富密碼的新信念。然而，致富之路，還是要透過自己的堅持與努力；唯有意識上與行動上的雙重落實，才更能有效顯化想要的財富。」

加油！凱文！祝福你敞開雙臂獲致財富自由，輕鬆又平安地擁抱財富！

Part 6 親子關係篇

在阿卡西紀錄閱讀的經驗中，
我發現與至親家人之間，
有較高的比例是：我們在前世就曾有親近的關係。

也就是說，我們與父母或子女在過去輪迴中，
可能原本就是一家人、親近的夥伴，甚至是親密伴侶；
然而，也有一部分的親人關係，是因著共同強烈的成長需求，
而協議今生相遇，以互相支持、陪伴，甚至是鞭策的協議，
以各種方式促進彼此的超越與成長。

在阿卡西的靈性觀點中，
面對原生家庭的父母或子女關係時，
最重要的是：全然尊重對方的「如其所是」，
以及，也勇敢地在他們面前活出自己的「如我所是」。

31 小獄卒與死刑犯，今生的父女

在我上萬個案涉及親子因果關係的閱讀中，有滿多比例呈現他們原本就是親子、夫妻或非常親近的好夥伴。然而，也有極少數的案例顯示出，今生的親子關係，在過去世竟然是陌生的對峙業力。這一個閱讀個案，就是極為特殊的案例。

聽案主 Vivian 講話的用字遣詞，就知道她是一位幹練、果決、自信的女性。她劈頭就說自己想知道與父親之間有什麼樣的輪迴關係。

我校準紀錄，鎖定 Vivian 的問題向高靈存有們叩問。紀錄回到古時候一個牢獄中的畫面。我嚇了一跳，心想，怎麼是監獄啊？！

我做了個深呼吸，緩和一下，繼續接收訊息。那個古代的監獄中，有兩個當事人：一位是骨瘦如柴、膽怯如鼠的菜鳥小獄卒；另一位則是眼露凶光、橫行霸道的粗壯死刑犯。

⊙ 菜鳥小獄卒與粗壯死刑犯

這位小獄卒剛到任不久，是整個團隊中最資淺的菜鳥，再加上他弱不禁風的體態，個性又自卑膽小，唯唯諾諾的他，總受到大家欺負、使喚。所有人都藐視他的存在，包含那位死刑犯，也一點兒都不怕他。

與小獄卒形成極端強烈對比的，是等待刑期的死刑犯，他身材虎背熊腰、孔武有力，從他滿臉橫七豎八的大鬍子、凶神惡煞的眼神、暴力威猛的氣勢可以得出，他天不怕地不怕，甚至連死都不怕。他可不是好惹的傢伙。

紀錄顯示的時間背景，正是死刑犯等候問斬的最後一段路程。所有的人都知道，死刑很快就要執行了。然而，在這個過程中，監獄裡並不平靜。

惡煞死刑犯在他即將伏法前，可不甘願錯過任何一個跋扈橫行的機會，就像過去在江湖中那樣！但，被圈禁在死囚牢籠中，他還能怎麼蠻橫撒野呢？死刑犯找到了一個軟柿子，就是眼前的菜鳥小獄卒！

死刑犯只要逮住機會，就竭盡所能對小獄卒極盡嘲諷、辱罵、踐踏之能事。其他的獄卒們既瞧不起小獄卒，更不想給自己添麻煩，於是放任死刑犯跋扈囂張地凌辱小獄卒；原本就軟弱的小獄卒沒有外援，只能打不敢還手、罵不敢還嘴，忍氣吞聲。

然而，整日受著氣、吃著悶虧，小獄卒心中的怨恨日復一日地積累，他瘋狂地想要報復。

終於有一天，命令頒布下來，這位死刑犯要被處死了。此時，小獄卒心想：我反撲的機會來了！

⊙ 仇恨，造成誤殺

對死刑犯恨之入骨的小獄卒，一股腦兒衝動地拾起了一把長茅，朝著死刑犯的心窩，狠狠地刺了進去。就在那一瞬間，小獄卒把過去受到死刑犯各種惡意欺凌的怨氣怒火，都發洩了出去，這一刺是忍辱到極致的絕地大反攻。

死刑犯心窩被這突如其來的一劍刺殺，他痛苦萬分，更狂怒不已，他無法忍受一個手無縛雞之力的小小獄卒，竟敢對他私自用刑。

只是，死刑犯的手腳都被鐵鏈牢牢拴住，無法反擊。他極力掙扎、放聲狂吼，畫面中他的眼睛瞪得像銅鈴般地大，滿是惡狠狠的殺氣，他死命地盯著小獄卒。如果眼神可以殺人的話，我感覺死刑犯灼

熱的眼神，早已撲向小獄卒，把他撕得碎裂稀爛了……那殺人的眼神中，充斥著極大的怨念。

閱讀到此，我以為，這顯示案主 Vivian 與父親間有奪取生命、互為仇視的業力關係。然而，業力安排並沒有這麼簡單……

劇情到此，卻出現了巨大轉折。Vivian 與父親間更複雜的因果業力出現了！

紀錄聚焦到了小獄卒身上。這位解氣報復的小獄卒，忽然間腦中閃現這樣的聲音：「天啊，我……這是殺了死刑犯？……」逐漸恢復理智的他想到，執行死刑是有一定程序的，自己挾怨報復動用私刑，這是不對的……

⊙ 仇恨，化為憐憫

當這些念頭閃過他腦海時，衝動小獄卒已經闖了無法彌補的滔天大禍。他立刻手腳癱軟、嘴唇發白、渾身顫抖，口中喃喃自語：「完了，我做錯了……完了，我殺了他……完了，怎麼辦……」可刺進死刑犯胸口的奪命一劍，已經無法撤回。死刑犯的生命，在倒數計時了。

此時，訊息畫面一轉，再度定格在死刑犯的眼神，那要衝去撕碎小獄卒的極惡眼神之上。只是，那眼神，就在一秒間，竟從窮兇惡極，化為無限悲憫。

這極端的改變，讓我大為震驚。到底是什麼讓死刑犯對小獄卒的恨，在一秒間，化為烏有？

那雙轉為憐憫的眼神背後，是當死刑犯看到小獄卒失手殺人後所露出的怯懦懊悔時，這狂暴的死刑犯非常驚訝地想著：「天吶，你怎麼會如此的懦弱膽小呢？！你幹嘛這麼崩潰自責呢？」他甚至忘記了

胸口那一刺的錐心之痛，滿腦子想著：「我還寧願你將錯就錯，勇敢把錯執行到底，那才是個錚錚鐵骨的男子漢。我真沒法接受竟然有人會這樣怯懦。你可以硬起來嗎？做錯就做錯，有什麼大不了的呢？……」

是的，死刑犯心中出現了轉變：由原本的狂爆憎恨，到詫異不屑，再到最後是內心對小獄卒的悲憫懷柔。

這行走江湖作惡多端的死刑犯，當下把自己的生死置之度外，他不忍看著小獄卒這般軟懦，而打心底希望他能像自己一樣，即使蠻橫無理，也要霸道地敢做敢當！這就是為何一秒之間，他的眼神從殺氣騰騰，轉成為了悲天憫人。

⊙ 惡煞死前的一念成佛

同時，死刑犯這強烈的念頭，成了他生命最後一刻的靈魂誓願：希望自己能幫助這脆弱沒膽的小獄卒，活成無所畏懼的真男人。

這一刻，我被紀錄的翻天變化震懾不已。我看著死刑犯那雙眼睛，從極惡轉為極善，太不可思議了！

死刑犯的眼神中，竟湧現出深邃的宇宙大愛。我必須要說，那是我所看過的最純粹的、最大慈悲的佛陀之眼，它讓我為之動容，甚至感動得熱淚盈眶。

我必須強忍住波動的情緒，不讓眼淚流下來，以繼續進行閱讀。（那天閱讀完之後，長達好幾個星期，我還時不時被訊息的能量餘波觸動；每當我又想起那雙驟變的、滿是善美的眼神時，我都會再度連回那大愛的頻率中，深深感動，眼泛淚光。）

至此，你猜出來了嗎？死刑犯斷氣前的那份誓願，迎來了與小獄卒的今生相遇。是的！在這次的輪迴之行中，他們成為了父女。

那輩子怯懦瘦小的菜鳥獄卒，就是這一世的案主 Vivian。而被 Vivian 以長矛刺死的兇煞死刑犯，便是 Vivian 今生的父親。

這訊息的衝擊量實在是太龐大了，我邊平撫著自己被撼動得想哭的情緒，又邊要將這罕見的輪迴誓願、因果之約傳遞給 Vivian。我不確定她能接收多少，畢竟，我自己也是第一次讀到，今生的親子，竟在過去是死對頭的關係。

⊙ 嚴苛的父親，死刑犯的誓言

當我陳述他們父女的完整因果脈絡之後，案主 Vivian 在電話那頭，激動地哭泣著。Vivian 在抽搐嗚咽中試圖把心底的理解與收穫表述出來，她說：「原來，我的父親是為了鞭策我成為一個勇敢堅強的人而來的。怪不得，真的，從小他對我的教養培育，就要求極為嚴苛，甚至到不通情理的地步。雖然我是女生，可我父親對我卻一點而都不寵溺，甚至把我當成兒子般地鍛鍊，我確實被打造成了不讓鬚眉的女漢子。」

細細品味，我發現這靈魂約定的安排，實在是深奧又玄妙！各位想想，死刑犯作為 Vivian 今生的父親，他在這樣的關係中，有著最大的機會能透過父親絕對權威的行使，以實現自己那一世心中默默向小獄卒許下的誓言：「把你（今生的女兒 Vivian）鑄造成無所畏懼的強大個體。」而小獄卒在今生，先天設定的是柔弱的女生，可說是孱弱小獄卒的延伸版；而 Vivian 從這貧瘠的條件基礎開始，接受嚴父的鐵血鞭策。雖然，她確實在痛苦中成長，但也因此，才能逐步錘鍊成金剛強者。

至此，Vivian 說自己就是因為父親一直以來對自己極度苛刻，以至於她原本對父親是憤恨怨懟又無力反抗的，所以才會想在阿卡西紀錄中詢問與父親的業力關係。

當然，閱讀至此，她不但對與父親的緣分，感動不已；更對父親從小的無情鞭策，感謝不已！

「確實，因為父親過於嚴厲，我被逼得必須比別人更早熟、更強大，這也讓我年紀輕輕就自己創業，在職場上叱咤風云，甚至成為比男生還有肩膀、屢創佳績的女企業家！」

Vivian 今生努力而來的成就，從靈魂約定的層面來看，也同步是那位死刑犯完成誓願的「成就」。

⊙ 誤殺業力的釋放

最後，Vivian 繼續補充：「在你講述我與父親前世恩怨因果的同時，其實，我一邊聽著，一邊感覺胸口中央無比地沉悶疼痛，真的好像有一把長劍深深地刺進來一樣（是的，Vivian 所說的這個位置，就是我閱讀中看到那一劍刺中的位置）。在你的描述中，我同時也感受到了被小獄卒一劍刺進胸口、死刑犯當時的強烈痛楚，而且，從那時候開始，我就淚流滿面了。」我完全理解 Vivian 的陳述，就是在阿卡西閱讀中的共振、負能量釋放與療癒！

她又說道：「然而，在你講著講著，我感覺到那股胸口的強烈疼痛，慢慢的化為一股向上直衝的能量，不斷地向上衝入我的頭頂，最後，隨著你講完整個因果安排時，那股內在的衝擊能量，也同步從我的頂輪向外衝了出去！現在，我整個人都非常地放開與輕鬆，我的內在也前所未有地感覺療癒與平靜。」原本那股與死刑犯之間互相傷害的強大負能量，也因著這次的閱讀，而得以鬆開、抒解、放下。

案主 Vivian 與父親之間，過去世的殺戮仇視與今生的對峙怨恨，都在這個閱讀之間，被歸零並重新設定了。而剩下的，只有高維的靈性之愛！

那是一種能凌駕於奪命仇恨、死亡傷害，至高的無條件之愛。那份愛，異常純粹，在父女關係之中，重新升起，滿滿地湧動。

* 想不到曾經的生死仇家，竟然會在生命的最後一刻，出生一份純粹又超然的願力。讓一位被殺的死刑犯，願意成為殺害者的父親，以嚴厲的方式來鞭策對方，以讓孩子成為勇敢強大、無所畏懼的人。

* 真誠又堅定的誓願，能凌駕於生死級別的業力之上。你能想像嗎？一個被對方殺害的人，在靈魂層次中，竟全然無條件地協助那個殺害自己的人，以讓對方能獲得靈魂的勇敢成長。我們的靈魂，竟能有如此浩大的包容與付出。而且，你也是這樣的靈魂，你知道嗎？

* 原來，靈魂層次的我們，真的能因為愛而與所有的人都連接在一起。即使過去我們可能是仇殺敵對的兩個人，然而，我們內在中所擁有的那份最初始的純淨與無條件的愛，讓我們都願意支持彼此。於是我們在衝突與和解之中，不斷地輪迴，不斷地相遇，也不斷地成長，直至最終我們所有的人都圓滿、昇華，合而成為一為止。這過程與結果，都是多麼美好的畫面啊。

* 案主原本對父親的嚴厲教導、不合情理的苛刻要求，是怨入骨髓的。然而經過閱讀，我知道她會對父親充滿了感恩。如果不是父親強烈的誓言，無情的鞭策，她可能還是弱勢的小獄卒，也永遠不可能成為女中豪傑。這一段陌生的相遇，甚至是相殺互傷，竟轉而成為父女關係的美好因果。感謝阿卡西紀錄，讓我們從這些實相中，了解宇宙中愛的運作，是如此地奧妙動人。

32 母胎的遺棄能量：媽媽不要我了？

「我的兒子非常難帶，實在讓我苦惱極了。他到底是有什麼問題？……」案主明明媽媽在我們一通上話，就迫不急待地抱怨了起來，聽得出來她兒子讓她有多麼頭大。

她的兒子是怎麼了，讓明明媽媽如此崩潰？她解釋，小孩有非常誇張的分離焦慮，只要媽媽一離開視線，兒子就會情緒崩潰、爆走尖叫。這種隨時大哭大鬧的狀況，不只是外出時引發路人側目嫌棄，就連在家裡，這種情形也層出不窮。

⊙ 黏人精孩子的分離焦慮

「我家裡空間也沒有多大，但是，我走到哪兒，兒子就一定會跟到哪兒。他就是一直黏著我，像個跟屁蟲一樣。」明明媽媽不堪其擾、身心疲憊；有時候想做點自己的事，但都還得顧及兒子的情緒。明明媽媽幾乎沒有喘息的空間，也沒有生活品質可言。

最近，一直嚮往走入職場的明明媽媽，想協助老公做點小生意，順便添補家用。然而，兒子這種片刻不離身的情形，幾乎不容許她有任何機會外出工作。所以明明媽媽想問問該怎麼辦。

紀錄呈現出一個小孩子，仰著頭看著媽媽，一雙眼睛，純淨無瑕，之中又依稀透出深深的擔驚受怕、恐慌無助。小男孩不斷地問：「媽媽，妳是不是不要我？……妳不喜歡我、不想要我是嗎？……」

畫面中的小孩，脖子伸得長長的，仰望的眼神中流露出「媽媽就是我的全世界」的訊號，因此他的詢問之中，有著天真的期待、無邪的語氣，也有著巴望的懇求，等待著媽媽的回答。

紀錄顯示，這畫面中發問的小男孩，是孩子在母胎中的狀況。

再詳細一點說，高靈給我感覺的紀錄內容，是小男孩兩個不同時段的層次，交疊展現在了同一個軸線之上。哪兩個層次呢？

第一個層次，是閱讀畫面中那個小男孩的外型，看起來約是幼兒園的年紀，這是現在的他。第二個層次，是在他之中那個回朔到媽媽懷孕期、他還在母親肚子裡的靈魂形式存在，這，也是他。

⊙ 母胎期被遺棄的能量

那個帶著惶恐不斷向媽媽發問的，就是小男生還在母胎中的層次。

我把感知告訴明明媽媽，並請問她：「你在懷這個兒子時，是否曾經有想拿掉寶寶的念頭？因為訊息中顯示，當時孩子在你肚子裡接收到了你『不想要這個孩子』的強烈想法，所以，他有極大的『媽媽會拋棄我』的恐慌感。」

畫面訊息中，他並沒有要「纏著」媽媽的意思，卻是以很鮮明的「渴望」、「求助」的能量一直向媽媽發問。訊息裡呈現出卑微、謹小與惶恐。

而那個源自於在母胎中的他的層次，持續影響著現在的他。這就是兒子為何會有嚴重分離焦慮的原因。

聽到這裡，明明媽媽楞了一會兒，微微顫抖地說：「我兒子現在真的就是上幼兒園的年紀！而且，確實懷孕時我真的不想要這個孩子的……」原來，當年明明媽媽跟孩子的爸爸，還只是男女朋友。兩個人都還年輕，工作收入都不穩定，所以對這個「突如其來」的懷孕，驚愕排斥遠多過於喜悅期待。

「當時我與男朋友，就是孩子現在的爸爸之間的感情，也還真沒

到論及婚嫁的階段。」所以，倆人一心認為這個寶寶是個頭疼的意外，於是，他們明快地達成了共識，決定把寶寶以人工流產的方式處理掉。

後來，事情卻迎來戲劇性的翻轉！雙方家長知道這件事後，都認為兩人應該留下孩子；在長輩們的堅持與介入之下，他倆只好奉子成婚，硬著頭皮把孩子生下來。

⊙ 孕期媽媽的念頭與寶寶相連

「那時候我對懷上寶寶這件事，充滿抱怨，覺得都是因為懷上他，我只好跟這個男友定下來，提早步入婚姻，犧牲工作的機會；他讓我原本期望的彩色人生，從此變黑白了。」明明媽媽承認，自己打心底對懷孕是抗拒又嫌棄的。

母親並不歡迎腹中小寶寶的一念，無形中形成了負面能量，傳送到肚子裡寶寶這邊，造成胎中孩子的嚴重恐慌，所以他在肚子裡一直追問母親，擔憂媽媽不要他了……而現在，即使小男生終究來到了這個世界，但，這能量對他的影響，又因為並沒有被處理與轉化，而持續演變成「害怕與媽媽分離」、「總覺得媽媽要拋棄自己」的恐慌，以及行為上纏著媽媽的分離焦慮現象。

至此，紀錄讓我們了解，即使在母胎中，孩子也會收到外界訊息而深受影響，尤其是媽媽的想法、情緒、感受等。通常我們以為孕期間尚未長成的胚胎，不會有情緒思想感受可言，隔著媽媽的肚皮也與外界沒有聯繫；然而，這個案例給我上的一課是：也許，媽媽腹中的胎兒，已經具備接收能量訊息的能力，也會受到外界的影響了。

⊙ 轉化母胎中小孩的負面意識

此時，明明媽媽對過去曾不經意地傷害了兒子，內疚不已，她想

知道現在該怎麼辦？紀錄告訴她：「源自母胎中的能量影響，可以透過從現在開始的耐心溝通，介入孩子原本恐慌的母胎意識。」若母親真心想轉化懷胎時對孩子負面影響的心意，是會產生巨大作用的！

訊息指出，請明明媽媽一定要在孩子焦慮當下、或平日裡，持續跟孩子說：「媽媽很高興能作你的媽媽！……能有你這個兒子，媽媽真是太幸運了！……媽媽會永遠都在你身邊……」這一類能讓孩子放心的話語中所傳遞出的能量，是具彌補性的！

當媽媽向兒子輸出「我歡迎你、我喜愛你、我會守護你」的觀念，讓小孩的意識中那份「我是多餘的、我是被厭棄的、我會被丟棄的」內耗意識，將逐漸被「我是有意義的存在、我是被愛環繞著的、我是備受呵護的」正向意識所取代，小男孩心中「媽媽不要我」的分離焦慮，就會逐步被卸除！

明明媽媽說：「還好，現在我知道了這些道理，也得到改善的處理方式，我會努力地跟兒子溝通，來補救過去意念對他造成的無形傷害。」

這個閱讀讓我想起二十四孝中「母子連心」的典故：「母指方纏囓，兒心痛不禁，負薪歸未晚，骨肉至情深。」母子之間的心靈感應，不受時空限制，說明了不論是透過有形的臍帶或無形的意識，母親與孩子間的聯繫之網，竟是如此地綿長又強大。

33 對不起女兒的離婚媽媽

　　因為丈夫有婚外情並堅持離婚，使得家庭主婦張女士面臨了突如其來的人生崩塌。她從沒想過，與自己一路走來互相扶持、鶼鰈情深的丈夫，竟會無預警地發生情變，且急不可待地要拋棄自己與兩人才剛上幼兒園的女兒，與第三者重組家庭。

　　張女士與丈夫只有一個獨生女兒小芬，小芬一直以來跟爸爸的關係十分親密。心疼女兒的張女士不忍想像稚嫩的女兒若知道自己深愛的爸爸不要她了，會有多麼傷心。

⊙ 丈夫拋妻棄子淨身出戶

　　張女士身陷婚變之苦，她更不想女兒因此崩潰受傷，所以不斷與先生協商、溝通，期待丈夫能為了給女兒完整的家而保持婚約。但丈夫鐵了心的絕情，甚至提出要淨身出戶，他連女兒都不要了，只求自由之身。這讓張女士心如死灰，開始獨自擔負起身兼父職照顧女兒的重大責任。

　　只是，她還不敢把這殘酷的事實告訴不滿 6 歲的女兒，所以她與前夫商量，希望隱瞞這件事直到女兒再大點、心智相對成熟後，再向她公開。

　　前夫理解張女士的善意，也願意配合。因此當女兒問起為何最近幾乎見不到爸爸時，他們給女兒的解釋是「爸爸到很遠的外地上班賺錢了，無法像以前一樣天天回家……」；女兒雖還是成天吵著想爸爸，然而，至少在她心中，「爸爸沒有不要自己，爸爸忙完會回家的」。

⊙ 對不起女兒的自責

張女士其實是個積極向上的人，之前相夫教子時，她也關注時尚與品味與個人成長，遠離黃臉婆的形象；尤其她總會擠出時間參與各種課程學習，接些專案工作以賺錢貼補家用，不與社會脫節。婚變後，她更是將行事曆排得密密麻麻，麻痺受傷的心，也盡量充實自己。

然而，每當女兒小芬難過地問爸爸何時回家時，張女士努力讓自己堅強的人設，就瞬間破防。她總罪咎自己沒能維持好婚姻，而非常對不起女兒。

她恐懼自己失敗的婚姻會對女兒幼小心靈造成不可磨滅的創傷，她害怕沒有爸爸的童年會導致女兒人格發展不健全，她擔心女兒會像自己一樣懼怕婚姻或成為失婚女性……這些擔憂，讓張女士對女兒有深深的自責感。

張女士求助阿卡西閱讀，想知道父母的離異會不會使得女兒在未來成為孤僻怯懦、自我貶低、不相信愛情，或跟自己一樣也步上悲慘婚姻的人生輸家。

我完全能理解張女士的擔憂！因為確實很多成年人的心理創傷，都源於破碎的原生家庭、悲慘童年經歷的複製；一如現代自我心理學之父阿德勒（Alfred Adler）說的「幸福的人用童年療癒一生，而不幸的人卻要用一生來療癒童年」。

於是我在連接張女士紀錄後，請紀錄讓我感知她女兒小芬成年後的狀況。我看到一位在忙碌的職場中，昂揚自信、充實快樂的上班族！

是的，一位非常幹練、強勢、無所畏懼的女性，展現在我內在的紀錄畫面之中。這就是未來的小芬。

⊙ 一個多麼渴望堅毅的靈魂

畫面中剛畢業投入職場的她，在工作崗位上，積極進取、勢不可擋，流露出初生之犢不畏虎的衝勁；對於自己的職涯追求，她目標明確、手法果決，有種喜於直面艱難、披荊斬棘的霸氣。這畫面中，並沒有呈現張女士所擔憂的情況。

紀錄所展示成年的小芬，沒有受到父母離婚的影響而一蹶不振呢……等等……不！她確實是有受到影響！就在我深入去感應這成年版的小芬時，我逐漸接收到的是：「在小芬出色又有幹勁的表現背後，的確是有來自不完整家庭所帶來的衝擊。」

但奇怪的是，怎麼我覺得這「衝擊」，看似是負面的，卻更是對小芬的「正面」推動呢？

接著，阿卡西紀錄帶我們轉至「靈魂約定」的層次中，我感受到小芬不可思議的靈魂高昂鬥志。我趕快告訴張女士：「原來，靈魂層次的小芬，本就渴望透過成長中的衝擊，讓自己千錘百鍊，才能百鍊成鋼。」

「你女兒的源靈魂意識，似乎很清楚地知道，如果自己成長在一個完整又美滿的家庭中，她會備受呵護、嬌生慣養，而失去戰鬥力，那將無法達到她所渴望的化繭成蝶、涅槃重生。於是，她選擇了妳、選擇了這樣的家庭。對她來說，這是打磨自己的絕佳安排！」

她想要化鳳，就必須先浴火。

聽完這些，張女士一方面訝異於紀錄中有關女兒小芬的未來描述，以及她靈魂所安排的今生歷練，二方面她振奮地回應：「我女兒雖然現在還小，不過她跟你所讀到的成年後輪廓，還挺一致的！例如，她小小年紀在幼兒園裡，就已經挺霸道的，非常有主見，也很有企圖心！而且只要是她認為對的事情，即使再苦，她也沒有絲毫的

退縮。」見微知著，小芬極大概率以後會是衝出火海、滿身金光的鳳凰！

張女士其實並不用擔心自己的離異會衝擊女兒小芬；或者，更應該說成是：前夫與張女士離婚的衝擊，對小芬來說，是有讓自己破繭脫殼的重要存在意義。

張女士應該停止擔憂，同時要穩定並持續地相信女兒！相信女兒能獨當一面，從家長婚變的厚殼繭之中，把吃苦當成吃補，昂首闊步地走出自己的一片天！

後續

張女士表示，自己會珍惜與女兒的靈魂約定，尊重女兒的自主意志。我們都祝福這隻不死鳳凰，衝破迷障，崢嶸祥瑞，成為一道閃耀的焰光！

34 祖父、父親、女兒，三代的監獄印記

接續「小獄卒與死刑犯，今生的父女」的個案閱讀，這是另一層 Vivian 與父親關係延伸的靈魂課題。

訊息引導我在一開啟 Vivian 紀錄的時候，先讀到：她和父親、祖父，都有著與牢獄相關的能量印記。

是的，其實，在 Vivian 還沒有提問以前，我就先讀到了一個 Vivian「在監獄中」的畫面。

⊙ 虛假的囚禁能量

不過，我必須強調一下，那「在監獄中」畫面呈現的能量，紀錄顯示 Vivian 並不是真的被囚禁，而只是一種「她擔心自己可能被囚禁」的內在隱患。

為什麼說只是隱患呢？因為畫面中，囚禁她的牢房柱子，根本形同虛設！柱子與柱子之間的空隙非常寬大，是那種稍微側身就可以走出牢房，根本關不住人的寬度。也就是說，她並不會被牢籠所禁錮。但是訊息裡卻呈現 Vivian 無力地站在牢房內，雙手抓著柱子，望向外面的世界，讓我感覺她內在深深的畏罪感，把自己的自由給「剝奪」了，而生出「圈禁」自己的能量。

阿卡西紀錄的高維視角傳遞出：「事實上 Vivian 並不需要有任何坐牢的擔憂。」老實說，到此的這些訊息，讓我滿腹狐疑。我不懂為什麼會有人一直擔心自己得進監獄？以及，明明監獄柱子的間距那麼寬，她為什麼不走出來，還把自己留在裡面呢？

⊙ 三代的共同監獄印記

當我腦中冒出這些疑問時，紀錄進一步揭示：「這跟牢獄有關的自我禁錮，正是 Vivian 需要突破的限制印記。」接下來讓我驚愕的訊息是：「Vivian 家族中的父系脈絡也與她一樣，有相同的議題。也就是說，Vivian 與父親、與祖父，之所以今生會成為一個家族，是因為他們擁有同樣的監獄屬性議題。」

後面更炸裂的訊息是：「Vivian 的父親、祖父，他們今生都可能會有牢獄之災，且進過監獄。」這種牢獄經歷在 Vivian 的家族中，形成連續的能量脈絡，綿延傳承。

這訊息真的非常奇怪，而我也不好詢問 Vivian 的父親、祖父是否坐過牢，所以我先按耐住，把這個訊息擱置在一旁，並沒有向 Vivian 提及。

後來（在 P.160〈小獄卒與死刑犯，今生的父女〉的閱讀中），我們知道了紀錄之所以呈現 Vivian 和父親會跟監牢的恐懼能量有關，是源自於那一世小獄卒與死刑犯倆人在獄中的恩怨情仇。這份業力，成為她靈魂深處一直續存的與監牢、囚禁、罪疚牽連的能量鎖鏈。

⊙ 從這一代釋放負面印記

這監獄裡的業力經歷，形成了纏繞的負面印記，是需要在這一世釋放掉的。所以，小獄卒與死刑犯一起投身成為這輩子的父親與女兒，甚至，他們也選擇加入了有類似監獄負面印記的一個祖源群體當中，與也持有牢獄之災印記的祖父，在今生相遇。這訊息真是顛覆了我的靈性觀點。

這祖父孫三代，一脈相連的牢籠印記，經由 Vivian 的阿卡西閱讀，帶著她了解到前世的發生之後，她應該從現在起，並由她自身開

始，有意識地把自己和監獄間的能量鎖給拋下、斷除。

具體來說就是：Vivian 要時常覺察地提醒自己：「我已經釋放了過去牢獄中發生的業力；我已經與父親和解；我不會再受到牢獄能量的牽連。」

如果她努力進行這樣的意識更新，這條綑綁著她與父親、祖父的牢獄鎖鏈，到她為止，將不再活躍也不再作用。至此，他們家族也不會有類似議題的靈魂成員再加入。這負面能量，便不再延續下去。

⊙ 不可思議的驗證：爸爸、爺爺都做過牢

「你知道嗎？太不可思議了……」Vivian 極為驚訝阿卡西竟能讀到這些訊息，而急於給出大大的確認鍵，她告訴我：「我的爺爺他真的在文革時期坐過監牢耶！而且，我的父親年輕時，也曾被誤判、被關了進去，坐過冤獄。」

這回應讓我瞬間全身雞皮疙瘩，她繼續說：「當然，他們現在都出來了，但你竟然讀到我、父親與爺爺，與監獄的關聯，這完全是真實的。」但我不懂，Vivian 今生又做了什麼與監牢有關的事呢？

她激動地解釋：「我確實從小時候起，就莫名地有種『總覺得自己會去坐牢』的想法！即使從年輕創業到現在事業有成，我都奉公守法，沒有任何的不法情事，但我內在那份覺得自己會坐牢的擔憂，從未消停過。我自己也覺得好奇怪！」

原來那份擔憂，是源自於過去世 Vivian 和父親在獄中相遇相殺的業力牽連。至此，案主 Vivian 說：「非常感謝，我終於知道了，我完全不需要擔心自己會坐監牢！我更要努力地把與監獄相關聯的負面鎖鏈，從我的改變開始，將它移出我的家族，全面釋放掉。」是的！加油 Vivian ！

35 精神病 VS. 母女關係

幾乎每一個閱讀，案主都是帶著焦慮困擾而來的；而閱讀過後，案主與我，都會受到阿卡西紀錄所揭示的宇宙之愛、靈魂實相，而啟發、滋養、療癒不已。有時候這些訊息，甚至也會關聯到好幾個世代。就像這個案例，竟然也牽連出案主與下一代的課題。

案主 Christian 想了解自己和母親的因果關係。「因為從小我的母親就對我疏離漠視，即使我聽話孝順又照顧全家，而且，我的事業發展，也是手足之中最好的，但她還是明顯偏心我的姊姊、弟弟；她對我的態度真的是非常差，讓我時常懷疑自己並非母親親生的。我想知道，今生會有如此冷漠母親的業力為何？」

⊙ 與屎尿相伴的精神病女孩

紀錄顯示了一個陰暗潮濕、髒臭凌亂、沒窗沒床、終日不見天日的小小邊間。房間中，有一條長長的鐵鍊，鎖在一個女孩的腳上。她看起來蓬頭垢面、衣不蔽體、狼狽又可憐。

這女孩有天生的精神疾病，所以她的母親把她鎖在這小房間內。只是，我感覺這房間比豬圈還不如，滿地都是女孩的屎尿，被限制了行動的精神病女孩，就呆坐在這密閉的空間內，吃著母親偶爾丟進來的剩菜殘羹，度過她悲慘的一生。

紀錄指出，這可憐被腳鏈圈禁的精神病女孩，就是 Christian 的過去世。而那一世，把她囚禁在陰暗髒亂小房間的母親，也正是 Christian 今生的母親。

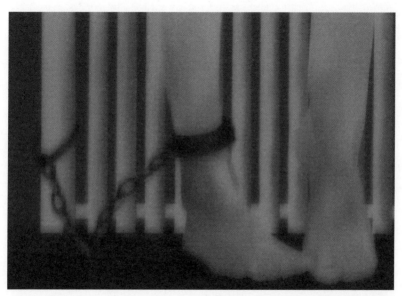

天生有精神疾病女孩的腳上，是一條長長的鐵鍊。她被鎖在陰暗潮濕、髒臭凌亂、充滿屎尿、終日不見天日的小小房間中。她看起來衣不蔽體、狼狽又可憐。

這牽引出女孩與母親、她今生與自己女兒有關的親子「雙向靈魂課題」。

⊙ 母女再相遇的「雙向靈魂課題」

紀錄讓我感知到，這一世 Christian 與前世母親又再相遇，是因為她今生有靈魂成長的「雙向課題」，需要來處理與面對；所以，前世囚禁 Christian 的母親，將再度成為她今生的母親。

至此，我以為高維存有們所指的「雙向課題」中的一個課題，會是 Christian 過去世精神疾病的延續；我以為她可能今生還會有精神方面的困擾……然而，紀錄讓我知道，Christian 不會有精神疾病，而是她今生極為親近的關係人當中，會有人出現精神問題的症狀。

這樣，今生的 Christian，將有機會從過去世精神病的「被照顧者」，轉而成為精神病的「照顧者」。

我在想，那會不會像很多傳統信仰中所宣揚的靈性觀點那樣：過去世不當的對待別人，那這輩子就要被不當對待；所以，我想那應該是 Christian 母親與她角色對調：今生 Christian 的母親會有精神狀況、而被 Christian 不當對待……是嗎？！

然而，紀錄揭示的因果安排，並非我想得那樣簡單粗暴沒創意。

Christian 今生的「雙向課題」中，第一個課題側重點在於「與前世母親因果的原諒與和解」。而第二個課題，則是她今生會也有一個精神出狀況的女兒，課題重點是讓 Christian「在體驗之中成長」。

也就是說，前世精神病的 Christian 受到母親不當對待的因果，會轉而投射在今生的 Christian 與自己的女兒關係中，投射出情境的重現。這樣 Christian 與母親之間的業力會單純一點，她只需要透過理解，去接納並原諒母親即可。

而「今生 Christian 會成為精神病女兒的媽媽」的這個層次，則是全新的體驗機會，讓 Christian 扮演跟過去世母親一樣的人設。然而這會是一個嶄新的機會，如果她能把握好這個角色，那麼，她過去

世與母親之間的窒礙關係能量，也會因此被調整，並同步創造美好的母女關係（包含她與母親、她與女兒）。

⊙ 今生女兒確實有精神病症

這個階段，我先將紀錄中提出的因果架構，描述給 Christian。她給了我立即的回應：「我的女兒，就如你閱讀到的，她也有著精神方面的問題，抑鬱與躁鬱等等，我們必須定期去醫院做醫療處置。」

她的確認鍵讓我得以繼續進行細節的展開。先來說一下 Christian 與母親間的第一個課題：「因果的原諒與和解」。對於要如何和解，我也很好奇，畢竟，我眼見那一世她母親是以殘酷無情的方式虐待著她，連我都為那被關起來的小女生抱屈，不忍直視她的遭遇。

然而，紀錄帶領我來到那位母親的立場中。她之所以會這樣做，是因為她堅定地相信：「如果我不把女兒綁起來，萬一她跑了出去，就一定會被別人欺負，或走失，甚至被強暴。」所以，那一世的母親當時能想到的最好方法，就是把精神病女兒關起來，以確保她的人身安全。尤其在那個時代，不論是社會治安或文明教化，都草莽又無知，這位母親自己是低下階層中沒受過教育的鄉下婦女，所以紀錄讓我理解，這位媽媽堅信沒有比「把女兒關起來」更好的辦法了。

閱讀到此，訊息讓我感覺「情有可原」這四個字，而我也對那位母親野蠻粗糙的不當做為，產生了不一樣的理解。

但不可否認的是，這位母親在精神病女兒身上的做為，確實造成母女關係上的「傷害與疏離能量」，以及母親靈魂層次中的「罪咎感」。這讓 Christian 的母親在與今生女兒交流時，不自覺地感覺陌生與抗拒；同時，她媽媽靈魂層次中的「罪咎感」，使得她今生不知該如何面對自己的女兒，所以下意識地迴避她。

⊙ 與母親：透過理解，進行和解

Christian 直點頭的說道：「是的，我母親在這一世也是一個農村的婦女，沒受過什麼教育。她確實看著我會露出一種愧疚感；她總會跟我的姊姊、弟弟開心聊天，但只要我一出現，她遠遠看到我，一秒就收起笑容、眼神閃躲、立刻離開。」

我告訴她，紀錄給我的感覺是：「母親那一世囚禁、荼毒了妳，而她的靈魂很清楚知道自己對妳造成的傷害，引發今生面對妳時的無名愧疚感。但是，又因為過去世你們幾乎沒有溝透過，所以在她與妳的關係中，那份疏離感還延續著，就形成了現在無視妳的狀況。」

我繼續轉達：「其實，紀錄希望你能夠透過今天的閱讀，試著了解、接納，並原諒自己的母親。她在那世有著她的不得已，過去的無知造成對妳的傷害，也不全然是她惡意或有心為之的。妳可以敞開心胸嘗試與母親溝通，主動關心她，釋出妳的善意。她就能逐漸感受妳內在的諒解與誠意，慢慢冰釋前嫌，關係也可能逐漸改善。」

而另外一條課題脈絡則是 Christian 今生也要體驗作精神病患女兒母親的經歷，從中有全新的「在體驗之中成長」。Christian 問道：「我不太懂你所說的體驗與成長是什麼？為什麼我要面對這個？」

⊙ 精神病女兒提供的成長機會，一舉三得

Christian 今生也作為精神病女兒的母親，是讓她體驗過去世母親角色的不易與挑戰，這有助於她願意原諒上一世與今生的母親。

而她今生又會如何對待女兒呢？是重蹈過去輪迴中母親那粗鄙的棄之不顧？還是她會以不同的方法來陪伴女兒、愛女兒？紀錄傳遞出：「從 Christian 的選擇與行動中，正好讓她有嶄新的機會，演示一種全新的與精神病女兒相處的模式。這會回頭平衡她與自己母親的

舊有業力，也會創造與自己女兒的美好業力。這正是 Christian 珍貴的靈魂成長機會，一舉三得，讓母親、自己、女兒，三方都受惠。」

這時案主 Christian 的回覆語氣中，充滿著中正與慈愛：「我了解了！那我覺得自己在這個課題上，已經做得比我那一世的母親還要好很多了！」

她說：「我並不以有這樣的女兒為恥，我竭力協助她、支持她，更給予她很多的溫暖和愛。我沒有像那一世的母親一樣把女兒圈禁起來，我在照顧自己女兒人身安全的同時，也幫助她活出自己！我找各種現代的方法引導她走出抑鬱的困頓；在我的陪伴與愛的照顧之下，我女兒的狀況有越來越好的趨向，我們之間的關係，也緊密親切、和諧美好！我可以很驕傲地說，我是個很棒的好母親！」

我必須說，這可能是我聽過最美好的為人之母的陳述了！我心裡感覺溫暖又欣慰，同時，我也知道她是一個進化的靈魂！

即使她在那一世曾經被不人道的荼毒，然而，在今生的角色互換體驗中，她在處理過去世媽媽面對的同樣難題時，並沒有停滯在過往的傷害中，也沒有複製母女間的疏離與恨意，反而，她選擇以積極、進步、有愛的方法，來創造一份全新的、陽光的親子關係。

Christian 今生的雙向課題「因果的原諒與和解」與「在體驗經歷之中成長」的安排用意，正提供她一個難得的機會，得以加速、加快、加疊地把過去的母女問題與現在的母女問題，合併處理！而這一切在Christian 手中，似乎都在穩定地推進、加速地完成。

我為 Christian 感到喝采與驕傲。同時我也相信，在她身上那精神病女兒和母親之間的糾纏業力，會在她作為 Christian 的今生，譜出完全不一樣的悠揚樂章，在這樂章之中，所有的錯誤、傷害、怨恨、愧疚，都會隨著音樂的尾聲，優雅的落幕。

* 有可能我們與原生家庭中的父母或子女關係，是過去尚未完成的、有待改進的課題延伸，這剛好提供我們又一次的機會，透過再次成為父母或子女，把學分重修一次。

* 如果家裡有疾殘病症的父母或子女的話，除了尋求專業的醫治之外，請不要一昧地認為一定是前世造孽而受到的懲罰，不！絕不是這樣的！這種對因果的定論，都太過簡單粗暴了。宇宙不會那樣扁平、那樣狹隘、那麼偷懶的！這些精心安排的因果關係，都一定有督促我們靈魂成長的良苦用心！我們要去找到其中的用意，才能藉此在逆境中真正地進化。

* 無論如何，有殘障狀況的家人，絕對不是丟臉的事。我們都應該保持敞開的心胸，以尊重、中正、有愛的方式去看待這些特殊的親人（當然也包含善待其他每一位殘疾人）。請以對待正常人一樣的方式去對待他們，畢竟，每一個人的靈魂本源，都是一樣的，也都同等的完美。

* 這些選擇在今生作為天生殘疾的靈魂，他們在某個層面，都是比我們還更勇敢的靈魂。他們竟然願意在今生，以殘缺不全的模式走入生命之河，他們正在透過自己，引領我們向上開悟，或是給予我們能無私有愛服務他們的機會。他們真的都是願意犧牲自己、成全我們的偉大的靈魂親人們。

36 母女都回歸正確的家庭序位

　　在前世，我們與某人之間有什麼樣的關係，是很多人都好奇的。所以有些案主會在阿卡西連接之中問：「我跟老公前世就認識嗎？」「我跟我老闆的前世是怎麼樣的？」當然其中有一定的比例是親子關係的詢問：「我跟我小孩在過去世有什麼因果嗎？」

　　在詢問親子關係的個案中，我發現，除了某些家長與小孩的困擾，確實是源自過去輪迴中所發生的因果業力，這是需要處理或平衡的；除此之外，其他大部分閱讀所呈現的親子關係訊息，並不會過度關注小孩與父母的前世如何，而更多是傳遞出：「為人父母者，要尊重小孩的靈魂屬性、支持孩子的個體成長……」這類的訊息。就像這個個案中阿卡西紀錄對母親的提醒即是。

　　案主 Cathy 覺得自己一直以來與女兒的關係很不對盤。別人的女兒都是貼心的，不但會分攤家務，還時不時親切談心。而 Cathy 的女兒老是跟自己唱反調，偶爾 Cathy 想跟她聊聊心底話或拉她一起做烘焙或縫紉，她總是敷衍逃開，表現得非常叛逆。

　　Cathy 想問問，這個跟自己很不親近的女兒，是不是前世業力的糾纏，而導致這輩子的母女關係如此疏離。

⊙ 自帶光環的將軍——女兒

　　在探索之中，紀錄首先呈現了 Cathy 女兒的前世畫面：一位古代的將領。那個將軍英姿颯爽，感覺是年紀不到 30 就有著赫赫戰功的少年英雄。他的外型高壯魁梧，渾厚結實，而且重點是，從畫面中我向上仰望看到的他，英俊又帥氣！就像個電影明星一樣，自帶閃光。

我描述這位將軍的特質時，案主 Cathy 點頭如搗蒜地附和：「我女兒給人的感覺就像紀錄所描述那樣地清新俊逸，大家都說她長得非常漂亮，很有明星的架勢！而且她在工作上也真的非常優秀，剛工作才幾年，就出類拔萃，得到長官器重，而一路順利地拔擢升官！如果說她前世是氣宇軒昂、少年得志的將軍，她這輩子也是這樣！」

　　紀錄中的這位將軍，憑藉自己的超強自律與意志力，練就了一身戰鬥力與領導力，率領麾下屢建奇功，保家衛國。紀錄顯示，在朝廷眼中，他是功不可沒的武將；在麾下士兵眼中，他是眾望所歸的領袖；在百姓眼中，他是民心所向的守護者。

⊙ 感恩戴德的百姓──母親

　　而我感覺到案主 Cathy 也出現在那一世，紀錄顯示出她那時的角色，是對將軍感恩戴德的一名小老百姓。

　　訊息讓我感受到，這位將軍帶領軍隊，在前世 Cathy 的村莊附近駐守紮營，平民百姓看到將軍操兵嚴謹、威震八方，平定了附近的鄰國入侵或宵小騷亂，使得百姓生活恢復平靜與安定；而且有次村裡淹大水，將軍立即指揮部屬有序地協助百姓重建家園，使得老百姓打從心底對將軍感恩戴德。案主 Cathy 對將軍（就是今生的女兒）既景仰又感激，可說是愛戴將軍的頭號鐵粉！

　　訊息到此，母女之間並沒有業力的糾葛，反而明顯地讓我感覺到，前世功勳卓著的將軍，他很享受自己透過堅毅努力而成為威風領袖的成就感！這是一股強能量，我試圖仔細精微地去解讀，而感受到：Cathy 女兒作為少年將軍那一世備受肯定的能量，像一株正向上抽高的大樹，它的軀幹與枝葉中，充滿了迅猛勃勃的爆發力，讓大樹伸展抽拉，是股停不下來的勢能。所以，「受到愛戴與肯定」的內在靈性，需要在這一世、在作為 Cathy 女兒的角色中，繼續拔高、勃發、

綻放。

Cathy 女兒天生會渴望眾星拱月、發光發亮，使得她是自信的，是不拘小節的，是志向宏偉的；她沒有大多數女孩的細膩柔情，她不想做傳統洗手做羹湯的女生，她甚至不願意服從他人，更不感激他人的照顧。因為，她深層的靈魂渴望是：「我還要繼續，透過戰鬥創造豐功偉業，受到萬民景仰！」

這就是為什麼 Cathy 的女兒沒興趣跟母親學做家事，很抗拒與媽媽閒話家常，不喜歡被無微不至地照顧，更厭惡家長對自己的管束約制。只是，這些特質在媽媽 Cathy 的眼中，卻成了「女兒與我好疏離」的困擾！

⊙ 讓將軍與百姓都回歸自己的序位

而媽媽 Cathy 該做什麼呢？紀錄視角揭示，母親應該在看待女兒的觀點、心態、行為上，都做出轉變調整：「將自己從母親的權威掌控角色中跳脫出來，把自己定位成一個普通人，回到那一世，作為倚賴將軍的小老百姓角色。Cathy 要延續那一世滿懷感激的心，去尊重並讚賞女兒，以提供女兒今生真正需要的發光發亮舞台。」

而且，紀錄提醒媽媽 Cathy 不要把公序良俗、世俗觀點套用在女兒身上！別再期待她跟別人家的女兒一樣是貼心、聽話、愛做家務型的！因為，「將軍很忙，沒空做這些！」

⊙ 請尊重女兒的「如其所是」

阿卡西強調了女兒的特意獨立、堅韌勇敢、追求正義、具有保護者的天賦，讓媽媽 Cathy 因此理解到，女兒現世中表現出陽性力量的特質，原來正是累世經歷的延續。

了解到這些之後，她語調嗚咽地說：「天啊！現在我好感動，我以前就受到這位將軍的照顧，這讓我忽然想起來，其實，她今生也是很仗義的那種人。曾經在我跟人起了衝突，她迅速跳出來捍衛保護我……我能有這麼與眾不同的女兒，我感覺好驕傲！」是的，Cathy作為母親，要全然地接納女兒的如其所是，並以她為榮。

閱讀解惑了媽媽Cathy原本困擾的親子關係，為母女之間搭建了堅實的情感橋梁，她知道母女的關係序位需要對調：自己應回到百姓的位置，並允許女兒回到將軍的位置。當母親開始以更開放和接納的心態，全心培養女兒的獨特風範，女兒也因此能真正的綻放光燦。

從此刻起，Cathy與女兒前世的美好緣分，這股能量波頻，會在她的心靈深處，微波蕩漾漣漪不斷。

心靈即時通

* 在家庭關係中，父母往往扮演著「在上位的權威者」角色，然而，可惜的是，父母通常是並不完美的權威代表。其實，在有些親子關係當中，父母未必要扮演權威者的角色，而更多是鼓勵者（為小孩加油的啦啦隊）、陪伴者（當兒女的好哥兒們、好閨蜜），甚至，是小粉絲的角色（就像Cathy媽媽）。

後記

這個案例讓我想到著名黎巴嫩裔美籍詩人／哲學家紀伯倫（Gibran Kahlil Gibran），有一首講述親子關係的經典散文詩，其中讓我共振的一段真理：

《On Children 論孩子》

Your children are not your children.
They are the sons and daughters of Life's longing for itself.
They come through you
but not from you,
And though they are with you,
yet they belong not to you.
你的孩子並不是你的孩子，
這些兒女是熱忱地追求生命的獨立個體。
他們藉你而來，卻非因你而來。
儘管他們在你身邊，卻並不屬於你。

You may give them your love
but not your thoughts.
For they have their own thoughts.
你可以把自己的愛給予他們，
卻不能限制他們的思想，
因為他們有獨特的自主意識。

You may strive to be like them,
but seek not to make them like you.
For life goes not backward
nor tarries with yesterday.
你可努力向他們學習，
卻別企圖讓他們成為你。
因為生命不該倒行，
不該膠著於老舊模式。

You are the bows

from which your children as living arrows

are sent forth……

Let your bending in the archer's hand

be for gladness;

For even as he loves the arrow that flies,

so He loves also the bow that is stable.

你是一支弓，而你的孩子

是經由弓的張力牽引，向前方飛馳的生命之箭……

請滿心歡喜地全力拉滿手中的弓箭吧；

那是既熱愛展翅飛翔的箭，也愛著穩定又可靠的弓。

　　我們都應該好好地審視自己與小孩的關係，捫心自問：「我是否願意做那支全力拉滿的弓，好讓小孩的箭全力發射、盡情飛翔？我是否自私地將兒女視為我的產物，而遏止了孩子無限精采的可能性？我是否看到我對小孩的期望，而沒有考量那也許並不是小孩子真正想要的？我是否在乎自己的感受，大過於關注小孩子的感受？我是否其實一直在控制自己的小孩子卻毫無自覺？我是否有膽量放手讓小孩依照他想要的方式、方向，自由地活出他們自己？」

Part 7 靈性能量與宇宙異次元篇

古人有把肉體以外的靈魂，劃分為三魂與七魄；
或分為心與念，而勸人要「身心念」齊修；
西方伯拉圖提出了靈魂為理智、情緒、本性的綜合體理論；
近代靈性思潮中，則有靈魂分 10 個等級的假說（或 7 等級）；
21 世紀又出現了：地球靈魂、外星靈魂的區別；
諾貝爾物理學獎得主彭羅斯提出，靈魂是意識的電子態，
即使生命會結束，而靈魂意識會以量子形式續存……

這種種對靈魂的臆測或說法，
都只是神祕境遇的一部分而已，
挖掘靈魂真相，人類還剛開始，也絕不會停止。

我們只需知道自己這非物質的靈魂存在，
是由勇氣、善良、力量、和諧、改變、純淨、智慧、有愛……
等的特質所組成的；
是我們意識的高維層次，
是我們的核心品質，
也是推動我們進化的恆久內趨力。

37 | 我是大星球，我也是小芝麻

　　案主晶晶是看了我微信公眾號中阿卡西閱讀案例的分享文，而來閱讀的。當一連接到她的阿卡西紀錄時，我立即感覺到她的靈魂能量，好大好大好大好大好大啊（我必須用這麼多疊加詞，來表示那個場是多麼地浩瀚）！

⊙ 星球般的巨大能量，是她

　　她就像宇宙中的一顆星球一樣，讓我震撼地想著：「我的媽呀！我是讀到了什麼樣的一個人啊？！」

　　接著紀錄又帶著我，從她如星球般的靈魂能量往我內在螢幕的左下角移動，在那角落的深處，出現了一個極具差異化的超小小小小小小的、我幾乎要看不見的、如芝麻粒一樣的小個體。這又是什麼？

　　這個超超超小個體，也是案主晶晶。

⊙ 芝麻粒般的超小能量，也是她

　　這幾乎沒有存在感的超小個體，是晶晶今生的肉身載體。這個「人」的載體不僅極小極小，而且好無助、好卑微，與晶晶那個浩大的靈魂個體，極端的疏離、分裂。我明顯地感覺，晶晶星球般的靈魂能量體，對這小芝麻般的肉身體，非常的不屑一顧，甚至還想刻意疏遠。讓我不禁對案主晶晶的肉身，產生了深深的同情。

　　我試著將這些浩大與渺小能量形同陌路的分裂訊息，向晶晶說明。而因為這個訊息實在太不尋常了，我還隱隱地擔心她會聽不懂或

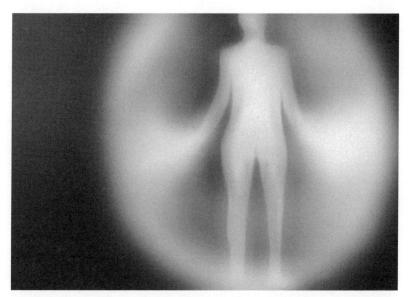

她的靈魂能量，就像宇宙中一顆星球般的巨大浩瀚！（因為版面關係，只能示意呈現如上圖右，而實際的能量則是更大更大的。）

然而，同時，我內在畫面的左下方，又看到一個像小芝麻粒般的存在。這，也是她，是她的肉身載體。（請移動你的視線，在圖片左下角落中尋找那能量小得可憐的她。）

無法接受。同時，我試著問她：「擁有如此龐大、如星球般的能量，表示妳應該有與生俱來的靈通性，妳是這樣的人嗎？」

晶晶聽了之後，很平靜地告訴我：「嗯，我想，你讀的訊息非常正確！因為我確實是一個具有很強大靈性能量的人，可以說是天啟型的通靈者。」WOW 酷！我聚精會神地聽著她的回答。

「從很小的時候，我就知道自己跟別人不一樣。我可以感知到另外一個世界的訊息，或看到別人所看不見的靈異維度。而且，對於神祕學這類的知識，我是一碰就通的！譬如我找占星師看我的星盤之後，我就知道如何解星盤了。同樣的，我之前找了其他的閱讀師幫我解讀阿卡西紀錄，讀完後我也會阿卡西紀錄連接了。就像你所讀到的，我的確是有著浩大靈魂能量的人。」

她的語調中沒有一絲的閃躲迴避，也沒有驕傲炫耀；她那玄妙靈通的一切特質，聽起來是那麼地正常而理所當然。

晶晶接著說：「同時，我也真的跟我的身體非常不熟，我超級討厭又瞧不起自己的身體。」現在，她正在述說著的，是有關自己那「超小如芝麻」的層次了！

「我總覺得自己被這個微不足道、小而無當的肉身給禁錮住了。我根本一秒都不想待在我的身體裡，我總想著要跑出去。所以，我想知道自己怎樣才能快點離開我這個無用的軀殼？」原來，晶晶預約閱讀，要問的問題竟然是這個！

於是我向紀錄中的高維存有詢問，案主晶晶既然擁有這麼強大的靈性能量，為什麼她還要窩在與之不匹配的弱小肉體之中呢？這個安排的用意是什麼呢？晶晶對自己的三維身體，已經到了嫌惡的地步，感覺自己被「拘禁」而想脫離出來，她要如何面對這個狀況呢？……

⊙ 小小芝麻身體是大大星球能量的坐騎

訊息要我告訴她：「你這輩子就是帶著使命而來的！即使你的能量是無限的，然而，在地球運行的規律中，你還是必須透過使用自己的生物載體，才能把你此生來到這個地球的責任、義務，真正地實踐落地。」這些訊息給我感覺神聖而莊嚴，提醒著晶晶要理解到，自己就像歷史上那些偉大的開創者、革命者、領導者，他們在實踐自己使命時，所持有的那份無可動搖、無所畏懼與無條件性。

訊息接著指出：「你必須要好好對待、善用並珍惜這地球版的身體。如果跳過這個肉身坐騎，很多事情在這裡是施展不開的，你的靈性能量當然也無法有效的在這兒發揮出來。那麼，就算你的靈魂能量再宏偉巨大，也不能對地球的人們起到作用。這，會讓你的今生輪迴使命，最終無法達成。」

訊息非但不支持案主晶晶「離開」她瞧不起、一秒都不想待的身體，還要她「立刻重啟與這副肉身軀殼的連接，並與之建立緊密堅實的共生關係」。

⊙ 芝麻小身體能讓使命落地開花結果

至於她透過這個身體將靈魂能量發揮出來，是要做什麼工作，以落實今生使命呢？

在我出現這個好奇想法的同時，隱約感覺到，案主晶晶其實已經在進行她的工作了！

於是，我問晶晶現在做什麼工作？晶晶說自己是一家身心理療中心的負責人，除了為客戶按摩調理外，也會搭配能量的疏通療癒，為案主排除身體的物理疼痛，並卸除非物質的負面能量。她說：「這間理療中心的按摩與調理手法，跟市面上的完全不一樣，是我自己創

設的，也可以說是自成，或下載來的！」理療院的生意很好，讓她幾乎分身乏術，所以她培訓了幾位療癒師，將自己的這份能力與手法分享給他們，以更大化的服務理療中心不斷湧來的客戶。

一邊聽著她說話，一邊訊息也讓我知道，晶晶現在所做的事情，正契合她今生使命的方向！

紀錄並再次叮囑她，她的靈魂會選擇今生轉世到地球，是基於自己多麼願意為生靈奉獻的宏願！然而，如果她持續陷入靈性與身體的分離，她的身體會更羸弱，那麼她的宇宙靈魂想做的事將事倍而功半（高靈所指的是：若她的身體承受不了自己浩大的能量，而沒法接引能量來加持自己的療癒工作，成果就會大打折扣）。

也就是說，若她在意識上一直鄙視身體，她的身體就會是個有破洞的杯子，她再澎湃浩大的能量灌注進來，最後還是一滴也留不住。

紀錄還顯示，更嚴重的與身體分離，最後還可能導致，她的靈魂志業嘎然而止地劃下無功句點。紀錄顯示了，終極地與身體疏離，晶晶會在意識萎靡、精神抑鬱下，離開肉身。

⊙ 多吃肉，接地氣

「晶晶必須做的第一件事，是透過穩定住自己的下三輪，來扎實地讓身體連同精神意識，根植於地球。」那麼該如何加強下三輪的踏實呢？我詫異於自己收到的訊息是：「她必須多吃肉！」

聽到這，晶晶說：「哈哈！對的，我真的非常抗拒吃肉！」阿卡西訊息進一步說明：「吃肉，可有效地鞏固晶晶的生物體能量，並幫助肉身載體能強韌有勁地融入三維生活中。」也就是說，「肉類食物的蛋白質組成結構，是給予她在物質層面生存的必須元素。」

透過多多吃肉，才能讓晶晶的靈魂層能量，與生物體之間的關聯

通道強健暢通；這才能建構出一個健康的平台，讓她把高維的影響力透過自己這個人身，運作並綻放出來。那麼，晶晶今生所設定要支持療癒他人的任務，便可逐夢踏實，使命必達。

閱讀完成後，案主晶晶跟我聊了許久，她很興奮地回饋：「這是我第一次，覺得終於有人真正地了解我的靈魂能量，了解我的靈性和肉體間那種天淵之別、形同陌路的排斥關係……」

同時她也很認同並接受，閱讀中告訴她，與肉身的連接是不能斷的！這些要她「珍惜善用身體、才能做更多事情」的訊息，也讓她感覺很受用！

在了解自己異於常人的能量，原來與靈魂任務有關之後，她感覺到一股強烈的內在激動、振奮！晶晶說，她會好好呵護身體，不再鄙視它；並全身心投入於今生使命當中，展開雙臂，迎接來到生命中那些需要自己服務的所有人！

38 不受生理時鐘影響的睡眠作息

接續上一個閱讀，在連接案主晶晶阿卡西紀錄的第二部分，她提出的兩個困擾她多時的身體健康狀況，竟與前面的議題亦有關聯。

原來晶晶時常受頭痛之擾，她想知道這是怎麼回事，是不是身體有什麼毛病。紀錄所顯示跟頭痛有關的訊息是：她的頭痛，其實是來自於高維時常向她聯繫、並傳遞高頻能量的緣故。當然，並不是接收高維能量就一定得頭疼，晶晶之所以會頭痛，是因為她一直不願意與自己的身體對接、合作，以至於她肉身的能量，長久處於虛無空洞、飄遊不定的失根狀況。這樣一來，高維注入的訊息對她的身體而言，是無法承擔的高負荷波頻；而頭疼，就是低頻的身體接不住高頻灌注而引發的衝擊現象。

高靈給這個狀況的解決方法，還是一貫地請她務必多吃肉。同時，進一步說到，在肉品的選擇上，要以「紅肉」為主，而不是魚肉或海鮮。也就是說，紅肉對她身體的能量補給會大於白肉。

⊙ 多喝水，導入高頻能量

同時，高維存有也提出，請晶晶記得一定要多多喝水！訊息指出：「水，是接引與承載能量的極佳載體，若是體內水分充足，能幫助晶晶更輕鬆、更順利地納入高頻能量。同時，水也能讓她的身體與地球能量場，有良好的共振；甚至，體內的充足水分，也對於下部位的三個脈輪（海底輪、臍輪、太陽神經叢輪）的調理與平衡，更有助益性。」訊息還叮囑晶晶，隨時隨地喝水，而且，喝越多越好！

此時，案主晶晶一邊笑著一邊回覆我：「高靈們怎麼知道，我是

超級不愛喝水的人！」我回答：「確實，紀錄讓我感覺到，在喝水這件事上，你就好像仙人掌一樣，飲水頻率不規律，非要到超級渴了才喝水，而且還總只喝一點點。你真的很討厭喝水！重點是，即使你喝水很少，你的身體也扛得住，對吧？」

晶晶又哈哈大笑地說：「又說中了！我就是這樣，能不喝水就不喝！現在我知道了，以後要逼自己定時定量常喝水，再不喜歡也得喝，免得會一直頭疼！」

接著晶晶提出與身體有關的第二個困擾，是自己差勁的睡眠模式。她描述自己的睡眠極度不規律：「有時候，我睡不到四個小時就起床；有時候，我又需要睡很久很久、都十個小時還爬起不來；有時候，我則睡睡醒醒，可能才剛起床吃了早餐後，又犯睏得去補眠……」這樣紊亂失序的睡眠狀態，放到各種醫學範疇來看，都對健康非常不利，所以晶晶想知道是否該調整作息，以讓自己的睡眠習慣正常而有規律。

然而，紀錄卻讓她不要在意紊亂的睡眠狀況，並請她試著與這種獨特又奇異的睡眠習慣共處！

⊙ 彈性睡眠，順應身體需求

紀錄裡的意思是，這個問題並不需要太過關注、煩惱，或刻意調整。原因是，晶晶的身體並不受限於現有世界的睡眠理想定義。這意謂著，正常能量構成的地球人，確實需要因循日出而作、日落而息，以一天 8 小時的睡眠，為自己更新能量；然而，晶晶的靈魂能量本就浩大無比，所以她的睡眠模式並不在此規範之列。

晶晶的睡眠模式，是極具彈性的。她可以想睡即睡、不想睡就熬夜。睡覺時長也有很大的跨度，可以打盹小憩幾十分鐘、或睡個長長長長的覺。只要她覺得睡醒後精神是好的，就表示她的生物機能已充

電完成、恢復元氣了。

我們都知道，各種醫學論述都說，每天最好固定 11 點上床睡覺、並睡足八個小時，不然身體、大腦、記憶力等都會受到影響。但紀錄中有關睡眠的訊息，卻與普世的健康知識相悖，這讓我又訝異又感覺腦洞大開！

然而，晶晶卻非常認同紀錄的訊息，並全然接受。「原本我對自己睡眠不規律這件事，非常自責，也很擔心會對健康不利。你傳遞的訊息，也是為我內心感知到的訊息按下確認鍵！讓我有種豁然開朗的感覺，也不再因此而焦慮了。」

當然，紀錄並非鼓勵她任性攪亂睡眠作息，而是希望她全然放輕鬆，別內耗焦慮，而打亂自己的能量運行。獨樹一格的生理時鐘與睡眠模式，就是晶晶獨享的高睡眠品質！

後續

我是一個求知嚴謹的人！尤其在作為阿卡西閱讀師之後，我覺得自己「必須要較真」，以確定這些高維訊息不是我胡思亂想的無用訊息，更不是怪力亂神的假大空！

所以，當讀到很奇異的訊息，或與健康有關的怪建議時，即使案主已經為閱讀按下了確認鍵，但我還是希望能找到更多的科學佐證，以支持（或甚至推翻）阿卡西訊息。

所以，為了這個有關睡眠的奇怪訊息，在閱讀完之後，我特意查了資料：到底睡眠該不該固定？睡眠時間一定要滿 8 小時才健康嗎？

Holly God!! 讓我找到國際最新的專業實證了！加州大學舊金山分校科學家在世界神經學專業刊物《Neuron》上發表與睡眠有關的最新研究指出，每個人的睡眠需求其實並非固定的，反而，跟個體基因

有關。實驗研究發現，如果人體中帶有「短睡基因（DEC2 基因突變體）」的人，平均只需要睡 6.25 小時就能回復精神體力，且不會因為少睡而影響健康。

而英國艾希特大學醫學院教授在《Nature Communications》期刊中的最新研究也提到，人體中有多達 300 個基因，都可能影響著我們的入睡時間與作息。史丹佛大學的精神病學榮譽教授、睡眠科醫學權威的西野精治的著作《最高睡眠法》中也提到，世上有近 3 成擁有「短眠者」基因的人！他們下午的小睡 90 分鐘，就能獲得比睡滿整晚 8 小時還高的大腦與身體修復品質。

看到這些國際研究資料，強力地支持了紀錄中告訴晶晶「她並不受限於每天要睡足 8 小時」的訊息。那麼，晶晶，你也許可以放心，愛怎麼睡就怎麼睡吧！

39 外星人忘了來地球的使命

案主Kevin跟我一樣是一位阿卡西閱讀師，只是，我從未見過他。他透過其他阿卡西閱讀師的推薦，預約了這次的閱讀。他想問問身體有關的訊息。

我進入紀錄瀏覽了一下 Kevin 的身體狀況，內在畫面給我一種感覺：他整個人被一個蛋型的、厚厚的霧面物質所包裹著。那層物質像極了我們在剝開水煮蛋的蛋殼時，包覆有一層薄薄的半透明膜。只是包圍著 Kevin 的那個物質，看起來可是比水煮蛋膜還厚實了許多，呈現霧狀質感，又充滿彈性和韌度，像一個矽膠材質的殼。

畫面中，案主 Kevin 就坐在橢圓的蛋形厚膜中，被呵護著，也被牽連著。但我實在不理解這畫面跟他身體的關聯。

⊙ 怪異病症，使命喚醒

於是我問 Kevin：「你的健康是遇到了什麼問題嗎？」Kevin 告訴我，從小他身體的某部位有異常狀況（基於隱私，詳情在此不贅述），他曾走遍各大醫院，醫生們檢查後都說找不出病因，而診斷這個奇怪病症是基因突變造成的，所以，無法治療。而且，Kevin 整個家族裡，也只有他是如此的。

當 Kevin 說明身體困擾時，我感知到，他的病症跟我一開始所讀到的那個蛋形霧狀的保護殼，竟是同一件事（在此也不詳述）。

從小到大，他帶著這苦惱的病症，在醫學領域找不到答案，Kevin 只好轉而栽入靈性領域中，想探詢：為何自己會遇到這種不治之症？這有什麼因果業力嗎？有靈力的方法治療嗎？

針對這些問題，我卻收到匪夷所思的怪誕答案：「案主 Kevin 是從外星來到地球的協助者，作為異次元來地球轉世的靈魂，他的任務是要來提醒並協助人類靈性的成長進化。」

⊙ 快要遺忘自己使命的外星靈魂

　　啥？！我的理性抗拒著這個訊息，因為這太超出正常資訊範疇了；但我在紀錄中，花了很長的時間再三確認後，又清楚知道我必須拋開質疑，繼續追問。

　　所以我向紀錄的智慧存有拋出問題：「好，就算他是來地球協助人類的異次元存有（這是我對「外星人」的另一種稱呼），但，這跟他那醫生說無法治療的病症，有什麼關聯？」

　　訊息的答案再度超乎我的想像：外星人 Kevin 其實從很早以前，就帶著這種使命在過去輪迴中來過地球。然而，當時人類靈魂普遍處於尚未開化、無法接受靈性洗禮的原始時期，那時候這位「外星人」的存在，並發揮不了什麼作用。

　　於是，他只好一次次反覆投身地球的輪迴之旅，耐心等待人類靈性的逐步成長，並在最佳時機來臨時，開始履行核心的星際使命。

　　然而，這漫長的輪迴過程，讓 Kevin 太過融入地球人的層次，使得 Kevin 在地球人的角色中逐漸遺忘了自己來到這個星球的初衷，迷失在作為地球人的慣性裡。

⊙ 是時候該啟動星際任務了

　　那麼，要如何喚醒他內心深處的外星記憶，再度辨認出自己的使命與責任呢？紀錄指出：「今生 Kevin 基因變異引發的病症，並非偶然。這個安排的目的，就是對他外星任務的喚醒與催促！」

也就是說，這病症是要把他從作為地球人的慣性中，硬生生地推出去！引導他展開心靈探索，最終牽動向內的星際覺醒。

終於，他會知曉自己的身分，憶起自己的使命，走回屬於他的負重遠行。

「這次阿卡西紀錄閱讀，就是為 Kevin 揭開這星際任務的面紗，帶他看到神祕的真相。」連接至此，訊息讓我感知：因為現在的地球，已經有一小部分人類靈魂覺醒，並準備好要踏上靈魂提升的階梯。所以，「Kevin 協助地球人的工作，不應蹉跎，是時候該步上正軌了！」

這一連串訊息，簡直像科幻小說一般的玄怪！我懷著忐忑的心，試圖把它們以合理易懂的方式向 Kevin 解說。我預期他必然會質疑、不解，於是我邊講邊構思著，若他嗤之以鼻，我該如何近一步解釋……

但案主 Kevin 竟然在聽完後，斬釘截鐵地回覆：「非常謝謝你的傳訊！你知道嗎，這對我來說太重要了。這訊息讓我收穫了很關鍵的印證。」

⊙ 我知道我是外星人

他的語氣中，五味雜陳。又是如釋重負，又是激動狂喜，又是任重道遠……他接著說：「事實上，這正是我一直在尋找的答案！」

我對他不加思索的肯定充滿問號，還問他：「難道你一點都不覺得這些訊息很怪異嗎？」他很平靜地回覆：「我完全不覺得這訊息奇怪！甚至，最近這幾個月，我心裡不時有隱約的聲音引導我，而我感知到的，就和你剛剛的傳訊，不謀而合！」

這次閱讀從如何療癒身體症狀為起點，到喚醒 Kevin 的地球任務為終點！閱讀最後他告訴我：「其實，我一直知道，我是個外星人。」

這是絕對的回歸，外星人的歸隊！也意味著他將透過身在地球的方式，帶領地球人的靈性意識提升。同時，他基因突變的病症，並不會也不該真正的困擾他。

至此，可能你會好奇，Kevin 要用什麼方式喚醒地球人、協助地球意識揚升呢？別忘了，他是一位很靈通的阿卡西諮詢療癒師！

後續

外星靈魂在地球執行任務這種狀況，近年來，也出現在某些靈性傳信中。如果你有興趣，可以參考美國 QHHT 量子催眠體系朵洛莉絲的《地球守護者》、《第三波志願者》，或是台灣作家譚瑞琪的《阿乙莎靈訊》。

40 全能型的靈性功夫高手

Michelle 是幹練的職業女性，但萬萬沒想到，她卻有著很大的使命，是在靈性道路之上的！

這個閱讀同樣也在一開始就出現了很奇妙的畫面：Michelle 是一位武功高手，在比武大賽中，身手矯健，風靡全場。但在她的四周，卻圍繞著一圈高靈們，向她拋擲各種不同的武器，長長的刀劍槍棍、短短的斧槌矛弓……

這是在攻擊她？不！向她拋出的，除了武器，還有各種不同門派的武功祕笈。所以，這是在鞭策她、教育她。我先把這個訊息放著，因為我想先聽聽 Michelle 的問題是什麼。

Michelle 先說明了自己在企業中的位階、工作的職掌範圍，接著提到所帶領的團隊問題、自己萌生想要回台灣的想法，以及是否不適合在現有大陸公司發展下去……等一串的職涯問題。但，我卻悠悠的回問她：「在探討妳的問題前，我想先請問一下，妳有接觸過靈性領域嗎？」

她對這個風馬牛不相及的問題，感覺有點詫異，畢竟這與她所問的工作，一點兒關係也沒有。「啊，你為什麼會這樣問我？」但接著她卻說：「不過，我確實有接觸！其實，在職場上，我的工作很忙且發展得也挺好的，但我心儀於靈性探索，所以總會利用週末時間去學習、接觸相關的課程，長久下來，成果也挺豐碩的。一兩年前開始，我偶爾會受邀擔任冥想、靜心呼吸、靈修課程的講師。」YES！那之前的那個畫面與訊息，就完全成立了。

向 Michelle 描述完那個畫面後，她還不太清楚高靈丟功夫祕笈

與武器是什麼意思，我把搭配畫面而出現的訊息，進一步整理說明：「妳在靈性學習的領域，已經是功夫挺好的高手了，然而，其實妳還能繼續成長，甚至必須多方學習，以到達更高的境界。這是一種對妳能力的肯定，以及帶有使命的託付。」當我解釋完之後，聽得出來，Michelle 十分的激動！

原來，Michelle 以前確實對各種靈修管道都很有興趣，曾涉略過很多不同的領域，像是靜心呼吸、靈擺、精油療癒、瞑想術、脈輪、SRT、催眠、頌缽、能量療癒等等，甚至對於阿卡西靈魂紀錄，也非常想探索。但後來她覺得自己是不是太貪心了，也擔心各家學派會互相抵觸，所以近幾年 Michelle 刻意壓抑自己廣泛的興趣，調整步伐，只專注在某些方法上。不過，閱讀中的訊息卻告訴她，多方涉略才是對她最有益處的方式。

因為 Michelle 可說是位「靈性奇才」，能做到十八般武藝樣樣精通；如此一來，任何人來向她詢問各種疑難雜症時，她都能把最適合對方的某種靈性療癒法或雞尾酒靈療法，拿出來給予對方量身訂製的最佳服務。Michelle 就像千年一遇的武功奇才般，對各種功夫一學就會、一點就融會貫通！

「沒錯沒錯，我真的對各種靈性工具一學就會！」Michelle 很興奮的說。「怪不得我只要一知道有新的靈性管道，就迫切地想要去學習。但之前我還試圖壓抑自己，怕廣而不精；原來，我應該跟隨我內心的聲音，相信自己都能順利的學會。高靈丟給我各種法門，我要照單全收！哈哈哈，這真的太棒了！」

Michelle 找回了對於靈性學習的積極性，但是，她的工作問題還沒有解答啊！對的，要先把最重要的使命講完，才能進一步來探討工作的問題。訊息顯示，工作對 Michelle 來說，是入世修為的過程，以及傳遞靈性能量的平台載體！

工作上所遇到的人，是她傳播靈性理念的受眾；工作上所遇到的事，是她實踐靈性修為的機會。這就是為何 Michelle 被安排從台灣到上海來工作，所帶領的團隊不僅越來越大，所面對的客戶案子也越來越難。而現階段，Michelle 覺得大陸的工作糾結而複雜、想回台灣的這些問題，訊息中更明白顯示，大陸她所接觸的與需要她支援的人數更多，所以紀錄建議她，在現階段，請還是繼續在大陸的工作崗位上，一邊賺錢養活自己，一邊閉門練各種功夫，一邊持續接觸各色人事物，好為未來支持這些人，埋下因緣與脈絡。

訊息強而有力地指出：「工作，就是 Michelle 的靈性傳道場！」（天啊！當讀到這訊息，我暗自覺得這句話太酷了！）

心靈即時通

* 作為能引領他人走向靈性成長道路的工作者，除了涉略相關的學問之外，或許自己也有需要在紅塵中歷練的部分。

* 靈性工作者的感情生活，大致有三種情況：一、沒有時間精力去經營感情，所以此生不會有親密伴侶。二、感情課題也是他此生要試煉的部分，所以跟伴侶之間會有重大困擾，要去面對與超越。三、攜手在靈性道路上同行的人，屬於共修型的親密伴侶。像這位案主就是。（這是閱讀中另外讀到的訊息。）

* 每位具有靈性使命的人，因著各自的階段與不同任務，所擅長的領域也會不盡相同。沒有哪種一定比較好或比較不好，大家都各司其職、對應提供受眾最適合他們法門的支持與引導。

* 靈性工作者，因為不同的功能設定，也會有不同的專精。請不用羨慕任何其他大師，因為，每次支持他人機會的背後，都是獨有的託付與責任。

41 集結靈魂碎片「和合」發功！

　　剛開始連接葉子先生的紀錄場時，先出現兩個很清楚的大字：「和合」。我對於這兩個憑空繃出來的大字，丈二金鋼摸不著頭。我只從訊息中感受到，這兩個字湊起來的話，有整合、和諧、應和、合一的意涵。但是。我還需要等高靈給的進一步解釋⋯⋯

⊙ 靈魂碎片分布各地

　　接下來是另一個畫面：葉子先生站在中心點，他的靈魂化出很多的分身，生成很多靈魂碎片。這些靈魂化身出的碎片，以葉子先生為圓心，呈3D圓弧線發散出去，落在大陸的各個地方！但是這個畫面，跟先前那兩個字，一點兒關係都沒有，反而讓我的狐疑感再升了一級！

　　然而，我知道這些初始畫面，一定具有要傳達的重要意義，即使我現在還不理解，但它的用意一定會在後面的詢問之中，浮出對應的解釋與說明。所以，我並不急著去探討。

　　然後，我告訴葉子先生可以開始提出問題了。葉子先生直接了當地說，他的問題很簡單。就是想知道這輩子感情上是否能遇到另一半，以及如何找到最適合的工作。

⊙ 集結靈魂碎片，啟動靈性支持

　　高靈的回答也堅定而乾脆：這輩子，感情與工作，都不是葉子先生應該在意或追求的。他應該趕快把自己跟那些「靈魂碎片」整合起來，用以發揮出今生最重要的靈性使命：「去支持身邊的人，邁上靈

性成長的道路。」

葉子先生聽了之後，給了我一陣長久的沉默。我覺得可能是「靈魂碎片」這個說法把他嚇到了吧！畢竟連我，對於靈魂碎片這個名詞也知之不甚多，雖然曾經看過類似的理論，但我也是第一次在靈魂紀錄中讀到這樣的訊息……

然而，良久靜默之後，葉子先生深深地吸了一口氣，緩緩地說：「我確實是有某種特異功能。我能『看』得出別人的運勢，或對方適合做哪些投資、如何獲得豐盛的人生。我也不知道為何自己會有這種奇怪的能力。」葉子先生的回答，讓我知道，這個訊息確實是為他量身訂做的。

此時高靈的訊息又再回到「和合」這兩個字上面。訊息中顯示，我們這次的靈魂紀錄閱讀，絕非偶然的發生，目的就是要喚醒葉子先生的靈魂使命，從現在起，他完全不用懷疑，並應該盡力去發揮這種能力。

他需要做的是，透過瞑想，從意識能量中，把自己與從自己分化出去的各個靈魂碎片，快速地「和」諧地整「合」起來。這就是為什麼在一開始的連接中，會先出現「和合」這兩個字。（靈魂碎片們可以理解為：在不同地方、跟葉子先生同樣具有靈視能力的人）。

葉子先生要把自己當成是一個「總指揮部」的概念。第一步：和。先讓自己與靈魂碎片們連接。這個動作像是總指揮部登高一呼，讓大家無縫接軌地連接，一起將能量甦醒、凝聚，並且相互應和。第二步：合。再由總部通知各分部的駐軍部隊，讓大家在所在的當地發出能量。這樣同步合作，以提供更大範圍的影響力。

⊙ 和合兩個字的加乘力量

這樣「和合」而出的能量，才能更廣、更快、更高效。看得出來，

這是一份被賦予特殊支持，並被高度期待的重大責任呢！所以，回到他感情與工作的問題：「此生跟感情與工作的發展，都不該、也不會是葉子先生所要專注的。」

高靈也告訴了葉子先生一種讓自己與靈魂碎片集結匯聚的瞑想法（建議給葉子先生的瞑想方式蠻特殊的，是針對他個人能量提升的方法，就不在這邊贅述），並且贊成他以有償收費的方式去幫助別人（葉子先生表示，之前好友向他求助時，他都是無償提供訊息的，確實發現因此會有能量消耗的狀況）。原來，這種支援，也被高靈認定應該是一種有價的付出，視為葉子先生的「工作收入」（葉子先生可報價的閱讀金額並不在多寡，隨喜也沒有關係，但就不該被歸為是被他人予取予求的無償需索）。

葉子先生就像一位有特出能力的信差，提醒來到他生命中的人（包括不認識的人），避掉不必要的厄運或財產損失。這樣做，就是支持那些人，能在生活與財務狀況都穩定無虞的前提之下，專心地、精準地去面對他們今生更加重要的靈性成長課題。葉子先生這位信差，會協助我們把「輔修科目」（運勢、財富）輕鬆搞定，好將精力放在「主修科目」（靈性揚升）上，才能盡早從地球畢業！

⊙ 她與高靈同頻的「和合」想法

最後在結束閱讀時，葉子先生告訴我：「告訴你哦！真的很巧，就在前幾天，我忽然一時興起，很想寫副對聯掛在自家大門上。不知怎麼的，我在規畫對聯要寫什麼字時，腦子裡竟然就出現你剛提到的『和』與『合』這兩個字，但當時我實在納悶，這兩個字該怎麼出對聯，所以至今還遲遲未動筆。」天啊，也太同頻了吧！

「所以，你剛剛說出『和合』這兩個字的時候，我滿身的雞皮疙瘩。現在，我終於知道了，我確實應該用上這兩個字，好時時提醒自

己,我有這個重要的使命!」

這純粹是巧合嗎?我更認為,某些我們感覺是天外飛來一筆的想法,也許並非來自我們的直覺,而它們其實正是源頭所交付的訊息與依託的使命。

* 靈魂碎片的背後,是有多麼大的宏願啊!是極大化地在同一時間、不同地點,同步以意識能量去幫助眾多的人。

* 某些在今生無法盡情享受親密關係,或不能從工作中獲得成就的人,也許是因為,他們正帶有更巨大的使命呢!

* 如果我們正好遇到具有靈視能力的人,並接收到他們所告知的提醒,請不要害怕或認為那是怪力亂神。可以適度地接受,加以分析辯證,或勇敢地去印證。他們或許是要來協助我們,輕鬆拿下「輔修學分」,以專注在「主修學分」上。

* 當然,也千萬不要盲目地迷信,而失去為自己做決定的勇氣與權力。請務必記住:我們絕對是自己此生的最重要主宰者,命運中還是有很大部分是掌握在我們自己手上的。

* 當靈魂旅程到達一定的「熟成度」,這個人的使命,就不會僅只是再為自己而活了。他會協助更多的人,加速靈性成長。

後記

2021 年一個深夜,我在查找資料時,看到這樣一段話:「宇宙一切萬物,在佛法上講都是因緣和合而生。在未生之前本來沒有此物,在既滅之後也沒有此物。在此物生後滅前,只是因緣和合而成的一個幻象而已。」嗎呀!「和」與「合」,又出現了!

Part 8 往生者與未出世靈魂篇

「逝者已矣」，將安詳地再次成為能量體，
回歸為光的量子態。
之後，繼續勇敢步上後面的旅程。

然而，通常在世的人，
是更放不下的那一方。

不論他們是以何種方式離開、現正在哪個旅程節點，
在阿卡西靈魂溝通的介面裡，
離世的靈魂總會從另一個維度傳遞出：
人世關係中的衝突、誤解、歉咎，或遺憾，
都會被和解、釋懷、原諒，與療癒；
最終只有放下、智慧、包容，與愛。

這讓我對天人隔閡有了新的體悟，
原來啊，靈魂，具有永不磨滅愛的恆久特性，
我們所愛的人，從未真正地逝去。
真誠地向逝者或未出世靈魂表達愛與祝福，
能賦予力量，讓往者與生者皆安好。

42 《花樣年華》張曼玉般的貴氣媽媽（一）

很多傳言說，自殺者的靈魂，必須一直重複痛苦的自殺經歷，久久而不能獲得重生……這樣的傳聞，不知道是真有其事，或藉此來嚇阻意圖自殺的人，還是用來折磨在世者的意志，以成為超渡作法的生意來源……我，真的不知道。

然而，在這個自殺母親的靈魂連接中，除了靈魂顯示她正在經歷努力的「修復」外，我並沒有接收到任何萬劫不復的訊息。而這也多少安慰了這位自殺者的在世親人。事情是這樣的……

大學學弟 Tom 是外商公司傑出的 CEO，其實在學校我們只是點頭之交，跟他並不熟。但我挺喜歡 Tom 的，知道他是正直善良、非常努力想給予家人幸福生活的獨立好青年。

幾年前，透過共同朋友傳來 Tom 母親自殺的消息，但當時礙於我與他並不是那種什麼都能聊的交情，所以對於事情的始末與細節，我並不清楚，更不好意思追問。

⊙ 連接非正常往生靈魂

熱情投入工作的 Tom，原本的問題都與工作相關，卻在閱讀中不知怎麼的，他問起了過世幾年的母親。

雖然阿卡西紀錄主要是從當下的問題或困擾作為切入點，去紀錄資料庫中挖掘起因業力或靈魂課題；而且阿卡西紀錄更關注於我們的個體成長上，而非關注往生者或外星人之上。然而，當 Tom 殷切地探詢媽媽現在好不好的時候，我才想起之前聽其他同學說過他母親是自殺往生的這件事，我完全能理解為人子女對過世母親的牽掛，尤

其是非正常離世的狀況。基於很想要協助他的心，我只好硬著頭皮、試著看看能否連接他母親的訊息……

很快地我看到一個人。但，我必須先跟 Tom 確定，這個人是不是他的母親，因為這位女士的畫面，讓我心中升起了一百個問號！

⊙ 《花樣年華》張曼玉的翻版

我先說明一下，Tom 雖然做到外商公司高層，卻是 40 出頭、很時尚的男生。他的裝扮鮮明有個性，平日的穿著基本是：小眾設計師潮 T、皮外套、隱約的刺青、破洞牛仔褲、卯釘皮靴……這種。

但在紀錄中我所看到的這位女士，卻是電影《花樣年華》中張曼玉的那身打扮：合身的旗袍，搭配精緻飾品，看得出材質與做工都非常講究，連頭髮都 set 得像民國時期電視劇裡的軍閥太太那樣，裝扮細緻講究，散發著一身貴氣。

看起來她像四十或頂多五十歲的年紀，整體來說，只能用：雍容華貴、凹凸有緻、風韻猶存來形容。

我十分狐疑這位女士是不是 Tom 的母親，畢竟其穿衣風格跟 Tom 大相徑庭，更何況，年齡似乎也不太對呀！於是我弱弱地問 Tom：「請問你母親往生的時候幾歲啊？」他回答我大約 70 歲。

「那我怎麼看到一位感覺不到 50 歲、非常典雅別緻、打扮得像民國時期軍閥夫人般貴氣的女士……」我詳細地描述這位女士的外貌給 Tom 聽。我以為，我連接錯了、壓根沒連上他母親……

⊙ 驚人的確認，就是她！

但，這描述卻得到 Tom 用驚訝的音調說：「那，就是我媽媽！」Tom 向詫異的我解釋：「我媽媽以前每天都是這樣的打扮。她那時

候終日裝扮得美美的，會跟朋友打牌、下午茶。而且，因為她超級超級愛漂亮，我知道，她不會讓你看到她年老的樣子……」

好高貴美麗的一位母親！聽得出電話那頭，Tom 已經在流淚了。良久之後，他請我轉告：「請你告訴我媽媽，我真的很愛很愛她。」

在我一開始看到這位母親時，只感覺她的身體是微微蜷縮的姿勢，以及「正在修復靈魂」的訊息……

然而當 Tom 說出「我真的很愛很愛她」這句話的那一瞬間，他母親的身體忽然「唰」的一下，背脊迅速挺直了起來！而且，身體也從之前的比較灰暗，變得光亮了起來！

⊙「我愛你」就是最好的修復能量

當感受到這充滿愛的一句話竟帶給他母親強大的力量時，我急切地告訴 Tom：「天啊，請你一定要常常把這些愛表達出來，任何時地，對著空氣說都可以。這會給妳媽媽很大很大能量修復的幫助喔！」

這位母親在紀錄中呈現出很專注地「正在修護靈魂能量」的訊息；而這種「修復靈魂能量」的訊息，其實，我也在閱讀其他「正常往生者」的場域中感受到過。也就是說，並不是只有「非正常往生者」才需要修護能量。

所以自殺者會重複經歷那段慘痛嗎？至少在我閱讀的案例之中，並沒有，真的一點兒都沒有！而我只知道，任何跟我們有緊密關聯的家人，或是我們所關懷的人，即使天人相隔，我們都還是能透過不管是意識、念想，或言語的方式，給予他們支持的。

這種支持，並非透過傳統道法的燒紙錢、辦誦經大法會、制解等這些方式給往生者，而是，他們因為體驗到那份由我們內在發出去的真真的愛，而獲得無形的支持；他們會因此覺得自己是被愛著的、

幸福的、很溫馨的、是很值得的、很放心的……他們會知道自己也有責任義務把自己過得好好的。他們自身的力量，將因此被喚醒，而能專注地修復、提升、強化，並且，也好好地愛自己，並活回綻放的愛。

這種傳播愛的支持，當然並不僅限於給予過世的人；我們周圍的任何一個能量意識體，從人、動物、植物，甚至是無生命存在，也都值得我們這樣對待。這無條件的愛、無差別的支持，不論在世或不在世，都不影響我們一起努力達到靈性揚升合一的終極美好境界。

心靈即時通

* 愛的能量，如果能說出口，會比念想的、訴諸文字的，還要大很多。請不要害羞，或吝嗇表達你的愛。一句「媽媽，我真的很愛很愛你」，對於自殺往生的靈魂，就有這麼大的幫助，更何況是對在世的人。美言一句，真的三冬暖！

* 即使是自殺而過世的人，在閱讀中也並沒有傳達自己寒冷飢餓、需要紙錢上供，或想家人做法制解的訊息。這些流傳已久的民間習俗，是否真有其必要性？是否更多是撫慰在世人的不捨，或彌補了對往生者的愧疚自責，讓在世者得以心安？……這些到底是為他們做的，還是為我們自己做的？值得深思。

* 不論在世時關係有多少對立、困擾，當靈魂到達彼岸，那些不愉快都會被完全接納與消融；而在阿卡西的連接中，靈魂只剩下純粹的、滿滿滿滿的愛。

43 《花樣年華》張曼玉般的貴氣媽媽（二）

　　在確認了這位連接到的靈魂確實是 Tom 的母親後，有關於母親過世的相關訊息，一一浮現。雖然這位母親的話並不多、需要再三地確認，然而非常驚人的是，這位母親竟以能量運作的方式，把我沒有傳達給 Tom 的重要訊息（因為當下我覺得訊息極度荒謬），在閱讀關閉過後，安排我們繼續閒聊，並在這個過程中讓我將本該告訴他的「我覺得超荒謬的訊息」，最終，還是傳遞給了 Tom。

　　後續的神奇閱讀是這樣的：原來，在 Tom 母親過世的前幾年，這位母親出現了憂鬱症狀況，需要家人關注與照顧，而這些都是 Tom 在台灣的小妹妹獨自一人承擔的。Tom 因為工作長期派駐國外，以至於家裡主要的大小問題，都只能留給唯一的妹妹去面對。長久以致，這位小妹妹也不堪其擾，身心俱疲。

　　在 Tom 母親自殺的那天，母親與妹妹因故衝突，母親負氣離家；而這一走，就再也沒有回來了。

　　想當然爾，這位小妹妹，有多麼地自責愧疚。千萬個質問自己：如果我當初不要跟母親起爭執就好了……如果我當初發現她情緒不對就好了……如果我當時攔住不讓她出門就好了……但再怎麼樣，都喚不回母親了。

　　在母親離家後，妹妹報了失蹤人口，接踵而至的還有一連串的二次折磨，那就是遍尋不到母親的「認屍」環節。

　　因為父親年事已高，不能讓老人家再受打擊，Tom 人又在外國，遠水救不了近火，所以只能讓二十多歲的小妹獨自面對這一切。警察每次打來電話安排認屍，都讓小妹身心煎熬。希望那不是母親，又希

望能早日找到母親；每一個非正常往生的大體，更有各種恐怖的樣貌；最後在多次認屍後，終於找到母親大體，確認母親往生……這都讓小妹妹在長久的不堪折磨之下，也有了憂鬱症的傾向。

最嚴重的是，憂鬱的小妹妹也出現了輕生的念頭。這是讓 Tom 最擔心的。Tom 說，母親走了之後沒多久，高齡的父親也走了，這個世界上，她只剩下小妹這一個家人，「我不能再失去她了……」

Tom 想請母親帶一點訊息給自己的妹妹，以讓妹妹放下一直對母親自殺而揮之不去的深深罪疚感。

⊙ 平凡無奇的訊息？！

於是，我趕緊嚴正地請問他母親，是否有什麼訊息要給 Tom，以讓他的妹妹能釋懷自己的罪惡感，走出憂鬱情緒。他的母親慢慢地給了我一個畫面訊息，但是這個訊息在我以為，它平凡得沒有任何含金量，所以，當時的我，選擇不向 Tom 描述，直接跳過這個訊息。（這是第一個我沒告訴 Tom 的訊息。）

接著，我請求 Tom 母親再給我其他資訊。然而，另一個畫面，卻也極不合常理，荒謬到我甚至覺得挺離譜的。於是，我同樣沒把這怪誕的訊息說出來。（這是第二個我沒告訴 Tom 的訊息。）

最後，我讀不到其他的訊息，我只能在連接中再次向這位母親強調 Tom 對妹妹的擔憂，並請求他母親尋求其他方法，去幫幫她那位愧疚不已、自我消耗的小女兒。

接著，在陸續讀完其他問題之後，我們便關閉了阿卡西紀錄連接，此時，已經接近半夜了。但奇怪的是，我們兩個都神采奕奕，Tom 甚至問可不可以跟我繼續聊聊。

於是我們針對剛剛讀的訊息交流了起來。然後，不知為何，我

忽然想起在閱讀中那兩個我認定為「極平凡、超離譜的無效訊息」，而且當下我有一股很強烈的感覺是：「我必須把這兩個沒說出口的訊息，都告訴 Tom。」

⊙ 平凡畫面中的非凡含意

我先說了第一個，那個極平凡的畫面是：Tom 的母親抱著襁褓中的小妹，一直摸著她額頭與髮際交界的地方……

「天啊……天啊……你為什麼剛剛沒有跟我說這個畫面？」Tom 幾乎是尖叫地問我。雖然我們是通電話，但我可以感受得出他是如此地震驚。

我忙著解釋：「因為這個畫面太平常了，我覺得沒有任何意義啊！」

「這個畫面，也許你覺得沒有意義，但是說給我們家任何人聽，都知道這就是我媽媽要傳遞的重要訊息。」Tom 極力克制自己的激動向我解釋：「因為，我這位小妹妹，從小就很難帶，不管給奶嘴、餵奶、搖拍，或唱歌，都無法哄她睡覺；唯有摸她額頭髮際的部位，很奇怪，一摸她就乖乖地睡著。」

我的天啊！原來，這再平凡不過的日常訊息中，是媽媽所珍惜的寶貴記憶：那時媽媽抱著襁褓中的小女兒，這女兒只能以獨特的方式才能哄睡，多麼可愛啊！從中可知道，媽媽一點兒都不怪自己的小女兒，她所持有的小女兒記憶，是那時候這平凡卻超甜美的回憶。

於是，被震到從腳發麻到頭皮的我，覺得更有必要把第二個離譜的畫面，也說出來：Tom 媽媽正在為大約已上高中的小妹穿校服、扣釦子。我試圖解釋為什麼我覺得這畫面挺荒誕的：「畫面中我感覺小妹都長的比媽媽高了，所以媽媽還得把手抬高，才能幫小妹扣衣領

的鈕釦。這，不是很不合常理嗎？」

「天啊……天啊……天啊……你知道我媽媽有多寵愛我的小妹嗎？她真的是會幫我小妹穿校服，還穿到她上高中！」Tom 尖聲地說。

現在，換我驚呆了：「蛤！穿到高中嗎？！這麼誇張嗎？我之所以沒把這個訊息告訴你，就是因為這太荒謬了。我想說哪可能那麼大了媽媽還幫忙穿校服的；但照妳這樣一說，你媽媽真的很寵你小妹耶！」

Tom 完全能理解我的難以置信，還進一步解釋：「是啊，是很誇張，可見我媽媽是多麼愛我的小妹！」

⊙ 微小平凡的日常，就是靈魂最美的記憶

Tom 媽媽提供的，連著兩個畫面，都流淌著她即使逝去已久、卻絲毫沒有忘記的、彷如昨日的，看似平凡微小，卻蘊含著滿溢的愛。

就在冥冥之中，Tom 的母親希望這個愛的訊息能夠傳遞給 Tom 與她的妹妹；就算我基於常理判斷覺得不合理、而沒有告訴他，也被巧妙安排在閱讀結束後的聊天中，完成了這不容質疑與錯過的訊息傳遞。

Tom 在一個多月後告訴我，這個訊息真的很寶貴，他也轉述給妹妹以讓她知道，原來在媽媽心目中，曾經的衝突與為難都是能被包容與理解的，因而協助妹妹能比較釋懷，不再那麼自責。

是的，在 Tom 母親的靈魂訊息中，她所珍藏的，是那些看似再日常平凡不過、甚至不為外人所理解的、點點滴滴卻最真真切切的、自己對孩子最珍貴最真實的，超越一切的愛。

* 在世的人想起過世的人時，往往都是止不住的虧欠、懊悔、難過不捨；然而，過世的人想起在世的人時，卻全都是無盡的包容、溫暖的愛。

* 請相信，人世間的過往，都能被往生的靈魂所理解，所以請不要太過於自責。如果自責會讓自己過好一點，那麼，在自責過後，請記得盡量用美好的回憶與愛，去回應過世的人。

* 足以一直讓過世的人甜蜜回憶著的，並不是榮華富貴、功成名就；其實，一個再平凡無奇的生活點滴、日常瞬間，就太足夠了呢！

44 墮胎嬰靈 VS. 未出世靈魂

提到墮胎，大家腦中直接出現的詞彙，就是「嬰靈」。伴隨「嬰靈」又有著這些說法：罪孽深重的殺生之業，必須超渡亡魂寶寶，要向嬰靈懺悔道歉；會被嬰靈纏身而霉運連連，影響媽媽身體與爸爸事業；嬰靈怨氣會報復在後代子孫身上，拖累家運；成為孤魂野鬼，哭泣仇恨……等層出不窮的各種負面定義。

嬰靈，真的這麼可怕嗎？隨著近代世界很多地方墮胎合法化的演進，讓有關嬰靈的激辯更是甚囂塵上，尤其以亞洲國家為最。東方世界還是普遍相信嬰靈存在論，以至於各種相應處理嬰靈的制解、放生、法會、點光明燈等，方法五花八門，還都所費不貲。

從小我也因為受到所接觸的各種宗教信仰影響，而堅定地相信：嬰靈一定存在的啊！它們會怨懟父母，陰魂不散，形成黯黑業力。

在這樣的信念之下，我遇到了案主 S 女士，她的問題是：「我曾經墮過幾個小孩，我想知道他們現在怎麼樣，這些嬰靈是否繼續纏著我？我很對不起他們，我需要為他們做些什麼嗎？」S 女士的語氣中，埋著深切的懊悔、罪咎，與強烈的恐懼。

聽完問題，我瞬間豎起了寒毛。要我在阿卡西中連接嬰靈？基於我根深柢固對「嬰靈」的概念，我也害怕自己會連接到深惡咒怨、死纏爛打的嬰靈能量……於是，我惶惶不安地啟動了紀錄連接。

⊙ 嬰靈＝未出世小孩

忽然，出現了大概有三四個小孩子，排成一排站在一起。他們給我的感覺非常地「微弱」。所謂的「微弱」，並不是指他們的能量或

氣息，而是一種「聚焦度」的微弱。那微弱的聚焦度中，隱約透露出：「為什麼要忽然喊我們呢？那時候（指 S 女士將他們人工流產墮胎後）我們與這位媽媽之間的關係，就已經畫下句點了啊！」

這些訊息讓我很詫異。他們繼續稀疏得像雲霧般淡然平和地表達：「而且，我們都已經各自奔赴前程、繼續往前行了；這位媽媽已經與我們無關了，也沒有聯繫的必要了……」

這太顛覆我的三觀了！這些「嬰靈們」已經繼續向前行了？！難道，被媽媽以外力介入的手段拋棄，又剝奪了他們生存的機會，他們竟沒有一直怨恨地扒在媽媽的肩膀上，而是早就踏上別的旅程了？！

「不對啊……」我心想：「照那些信仰所說，這些『被剝奪生命』的靈魂，應該充滿了報復心、恨死媽媽、陰魂不散，不是嗎？」

但我接收的感知，真的極其平靜與虛無，完全沒有負面情緒翻攪。對於我的一連串問號，高維訊息指出：「他們與 S 女士之間的緣分，其實就僅止於墮胎前的那一小段時間而已。」墮胎的發生，也是在高維層次中就協商設定好的；不算傷害，無須怨恨，和平道別。

⊙ 與母親緣分到此，揮揮手不帶走一片雲

這「媽媽已經與我無關」的能量呈現在紀錄中時，也是一片氤氳煙雲、模糊不清晰的畫面感，以至於我還得用力地去連接、超專注地去解讀，才只能隱約感覺到他們的存在與訊息。直白點形容的話：他們……甚至已經消散了很久、很遠、很淡了。

S 女士這些未出世孩子們的靈魂，真的完全不是我認知中「嬰靈」應該有的那種陰魂不散、濃烈仇恨、粗暴攻擊，他們早就投入各自的新旅程新身分中。是因為被 S 女士的閱讀召喚，才將靈魂的某個層次連接到這次閱讀中。

最令我當頭棒喝的是，他們最後還友善地補充了一個訊息：「請媽媽也放下，努力地向前看吧！」在平和與祝福中，他們真誠地希望媽媽也能為這短暫的關係，畫下句點，各自安好，各自前行。這比案主 S 媽媽還超然平靜的能量，全然顛覆了我對於嬰靈的認知。接著，這幾個很淡很淡的能量，就淡得⋯⋯不見了！

透過這個閱讀，我覺得「嬰靈」這很負面能量的名稱，應該被「未出世靈魂」這中立定義的名稱替代。因為我意識到：或許，那一直創造糾纏與恐懼負能量的，並不是未出世的靈魂，而是充滿愧疚罪惡感，總不願意放過自己的母親啊！

是時候，母親應該滿懷欣慰、面帶微笑、真誠祝福，放手讓未出世小孩回歸他們原本就在的光的旅途上，目送他們的專注前行。而作為母親，更要從現在開始，平和喜悅、努力成長；不要羈絆自己，更不給孩子（或未出世孩子）添麻煩呢！

心靈即時通

* 意識具有無比巨大的能量，一念天堂一念地獄。放不下的執著，會凝聚成所謂的「嬰靈」，致使各種可怕的謠傳，因應而生。思考一下，這種負能量的鎖鏈，到底是誰創造的？又到底綁架了誰呢？

* 當母親能鬆開那一直緊握不放的能量鎖鏈時，所謂的嬰靈，其實就只是「未出世的靈魂」。它們與任何靈性能量一樣，都是明亮有愛的，也都想努力地讓自己加油進步的。揚升是每個靈魂的終極追求！既然如此，又何必相互牽絆、彼此耽誤呢？

* 感謝與任何一個存有的相遇，不論是幾個月的腹中胎兒，或者是一輩子的關係。感恩的能量對靈魂揚升的貢獻，會遠比在無知中悔恨恐懼，還來得更重要、更有助益。

Part 9 萬物皆有靈、訊息共連接篇

山川水風、花草木石、飛禽走獸，
乃至於任何的無生命體，
都具有它們自己的能量、頻率與意識。

也就是說，天地間的所有一切，
同樣能透過阿卡西閱讀，
去連接感受其場域的訊息量。

有趣的是，這些生命或物件，
往往在閱讀中，我會被它們
潔淨的能量、樸素的訴求、中正的訊息而感動，
原來，靈性可以是如此的純粹。

同時，請你也相信：
萬物皆有靈，是真實不虛的！

45 小貓說：我是男生！

案主 W 先生，是事業有成的大企業家。他離婚、單身一人，朋友見他離異後瘋狂投入工作，於是送了一隻虎斑小花貓給他，希望能陪伴他、平衡他的生活。從此，就開始了 W 先生的鏟屎官之路。

養著養著，覺得虎斑小花貓形單影隻，於是 W 先生陸續在自己北京的大宅院裡，又多收養了三隻貓。這四隻毛小孩中，W 先生還是與第一隻虎斑小花貓最投緣，他對這第一個走進自己生命的毛小孩特別寵溺，虎斑小花貓也是家裡唯一能進入 W 先生臥房、陪主人睡覺的毛小孩。其他的貓呢，因為自己的事業版圖不斷拓大，時常出差，以至於平時養貓這些事，是由家裡的阿姨在照顧的。

⊙ 寵物習性個性在紀錄中活靈活現

W 先生對於阿卡西閱讀，並不十分了解，然而聽推薦他來閱讀的朋友說，阿卡西還能閱讀「非人類能量體」（也就是包含動物、花樹、水晶、物件、房子、地區、事業、項目……甚至星球，所有的一切都能閱讀），他十分好奇；再加上又挺想了解自己毛小孩的想法、狀況，而約了這個「阿卡西寵物閱讀」。

當然，他第一個問的就是自己最疼愛的虎斑小花貓。他把虎斑小花貓的訊息問了個遍之後，再逐一連接其他三隻貓。閱讀中，我轉述所感知到貓的不同習慣、個性、動作、喜好等等，基本都得到 W 先生的驗證，他一直說：「對的對的，這隻貓就是你說的這樣子的……」

最後，在關閉此次閱讀連接時，我問了每隻貓咪有沒有什麼話想

告訴主人的，因而，讀到一個怪異的訊息……

⊙ 小白貓告訴主人：「我是男生！」

就在我依次詢問每隻貓想跟主人說些什麼的過程中，大家都傳達了天南地北的想法、訴求或期望。但到了最後一隻最年輕的小白貓時，這毛小孩竟然不斷跳起來重複強調著一句話：「我是男生！……我是男生！……我是男生！」這……這是什麼啊？

我歪著頭、皺著眉，以自己都很質疑的語氣跟 W 先生說：「這隻小白，它……它要告訴你，它是男生……請問，小白是男的還是女的啊？」

畢竟性別這種事情是一翻兩瞪眼的，是公的就不可能是母的，更何況，據 W 先生之前對每隻貓的大概介紹，我知道這隻他最近收養的小白，也養了超過半年了，他怎麼可能不知道小貓的性別呢？這隻小貓，有必要在閱讀中這樣跟主人說嗎？真是太太太奇怪了。

而且，就在我講完後，W 先生提高聲調地說：「什麼？它怎麼可能是男生，小白是女生，它不是男生啊！」

聽到 W 先生的回覆，當時真的超尷尬！我很確信自己感知到的訊息，但 W 先生也很堅定事實與我讀的訊息不符。

我只好說：「那……你就聽聽囉，我也不知道為什麼會收到小白這樣的訊息。只是，作為管道，我也有義務如實把訊息轉達給你。」閱讀完成之後，我還在這個「我是男生」的「烏龍訊息」中，十分疑惑。

⊙ 驗明證身！小白貓真是個男生！

時間過去了快半年，有一天 W 先生給我發了一段話。他說：「你

記不記得，之前閱讀時你說我那隻小白要告訴我『它是男生』這件事？」

老實說，因為我本來就是記憶力奇差的人，即使我努力想記住的事，都會記不牢；再者，阿卡西紀錄的訊息，通常只是在閱讀期間流經我、讓我傳遞出去，所以訊息本就不屬於我，以至於這股訊息流在閱讀後，就「流走了」；除非訊息太過震撼讓我印象深刻，或閱讀後我認真做了筆記，不然我基本上不太記得閱讀的內容。還好，透過W先生的描述，我回憶起了那次閱讀小白貓跳來跳去強調自己是男生的奇怪內容。

重點是，W先生說：「前幾天，小白貓生病了。我帶它去寵物醫院看病時，醫生邊檢查邊喃喃自語地說：「小白，喔，你是個小男生……」他當時聽到醫生這樣說，還糾正醫生說：「不是啊，它是母貓啊！……」

最後經過醫生的再三確認，小白，確實妥妥的是一隻再公貓不過的公貓了！

看完病，W先生帶著小白在回家的路上，猛然想起半年前阿卡西閱讀中，「這隻小白貓就搶著澄清自己是男生」的訊息！

W先生覺得有必要趕忙告訴我！同時，他既興奮又有點不好意思地解釋說，因為自己工作真的非常忙，所以，除了對第一隻最喜愛的虎斑小花貓疼愛有加之外，其他的貓多是家裡阿姨照顧的，他說：「我還真沒認真分辨小白的性別；而且不知道為什麼，我就一直以為小白是隻母貓。這誤會實在是太大了！」

這下，真相大白！小白貓也總算恢復自己的男兒身分了！

聽著W先生說話的語氣，可以清楚知道，他覺得震撼又好笑！原來，小白貓一直都知道主人把自己的性別搞錯了！而阿卡西閱讀正提供它一個機會，向主人提出嚴正的性別申訴。

聊天中，我腦海裡又出現當時閱讀中，小白一直跳一直跳，說著「我是男生」的可愛畫面……

46 給我一個陽光型的屋主！

　　如果你想賣房子，也可以試著跟房屋溝通看看。在阿卡西閱讀中與房子溝通，你會發現，房子的回答，就會出現各別的獨特性、差異化。這非常有趣！而且它們是很願意配合你賣房，並會召喚符合房子自己最高利益的下一任屋主呢！這個閱讀就是典型的例子。

　　案主 Yvonne 計畫賣屋搬家，所以透過阿卡西閱讀，想問問如何順利賣房的指引。Yvonne 提出了直搗核心的問題：「有關買房子的下一家，想問問房子有什麼期望，或有什麼想要我們注意的地方嗎？」

　　這種問題，就會導引出房子彰顯出個體化需求的明確回覆。此時，屋子表達的訊息，會顯得很直白，也很特別！

⊙ 房子：想找喜歡明亮的下任屋主

　　於是我接收到，房屋說自己很喜歡陽光滿屋的明亮感，所以希望下一任的住屋人，也跟它一樣熱愛擁抱陽光，能把整個屋子都打點得很敞亮。（房屋真的也會有個體化的喜好呢！）

　　得到這個訊息，我建議案主 Yvonne，要在所有意向客戶來看房子的時候，盡量把家裡打點得亮堂一點！例如：白天就把窗簾全部敞開、晚上就把家裡的燈全部點亮！這樣，跟房子的期待相匹配的屋主，就會因為屋子採光好、光照足，而對房子產生良好的印象。

　　而這樣做，會讓某位「也很喜歡房子明亮」的客戶，更有意願買這個房子，也更能有效促進「對的屋主」住進這個房屋！如此一來，Yvonne 想盡快賣房的願望，就能更順利地實現！

很快的，Yvonne 的房子成功賣掉了！

所以，問題來了！房子「本人」希望新屋主跟自己一樣「喜歡全屋明亮」，這，是促進成交的關鍵骨牌嗎？！

案主 Yvonne 事後歡天喜地地跟我敘述房屋順利成交的事，她也說到，其實自己的家人並不耐台灣終年的烈陽曝曬，所以之前她特別訂製具超強遮光力的窗簾布。她很捨不得這些非常昂貴的進口窗簾布，但也只能割愛留給接手的買家。於是，交屋時她特別叮嚀新屋主：「這些窗簾都所費不貲、是 XXX 品牌的，它們的遮陽性能極佳，而且是半年前才換新的，你們可以保留繼續使用……」

但，那房子不是說它很喜歡明亮嗎？

⊙ 新屋主真的也愛滿屋陽光

Yvonne 興奮地說：「對，那個時候你說屋子很喜歡明亮，賣房之後某一天，我跟老公剛好經過舊家，我們從樓下看了看以前的家，結果驚訝地發現，新屋主把我那些超貴的厚遮光窗簾，全～部～換～掉～了～！！」

新屋主不僅把窗簾換成了薄透的紗簾，而且，還把紗簾全部敞開！足可想見，房子裡現在正是滿屋燦爛的陽光呢！

也就是說，這位新屋主確實滿足了房子的期待，真的是喜歡敞亮房子的人！這兩個都愛陽光滿屋的個體，終於如房子所願，相遇在一起。

這真是個圓滿的結局！讓我在面對即使是無生命體（房屋、水晶、公司、物件、項目……等）的阿卡西閱讀時，也充滿了嚴謹與敬畏之心。

47 小白龍：我是尊貴的王！

白先生是典型的愛貓人士！他家養了三隻毛小孩，視如己出。白先生跟老婆決定不生小孩，當頂克族，所以家中小貓就被視如寶貝小孩一樣，夫妻倆寵愛有加。

四年前白先生被公司派駐到大陸分公司，他們費盡心思帶著小貓們飄洋過海，一起定居上海；前一陣子白先生又被調回台灣總部，當然，他們一樣大費周章花大錢，把三隻寶貝小孩貓，也運回台灣。

白先生來做阿卡西閱讀，主要是因為三隻毛小孩中一隻名叫「小白龍」的貓，最近鬱鬱寡歡、精神委靡，讓白先生非常擔心。「一直以來，小白龍跟我們最親密！但最近它都不太搭理我們，喊它也不回應。它的活動力降低了，成天無精打采很憂鬱，就連它平日最愛的零食都提不起勁，這讓我們很擔心。」白先生解釋了小白龍的異常狀況。

白先生夫妻也帶小白龍諮詢過獸醫，檢查說並無大礙，所以白先生想試著從阿卡西紀錄中，找一找小白龍精神不濟的原因（阿卡西閱讀不能取代醫療，然而，我們可以在紀錄之中，探索醫療所觸及不到的因果、心理或能量範疇的成因或關鍵）。

⊙ 哼！我不吃仿冒的零食

當我在連接紀錄中詢問小白龍的身體是否有恙時，並沒有健康亮紅燈的訊息，卻直接感受到小白龍衝出口的：「爸爸，你給我吃的那個東西，是仿冒品！這不是我平常愛的高級日本貨！它很不好吃。你們怎麼可以給我吃假的次貨呢？你們怎麼這麼不重視我？！……」

「這⋯⋯這⋯⋯是什麼怪訊息啊？！」我心裡嘀咕著，但不論我覺得訊息多荒誕，還是必須忠誠又中正地告訴白先生。

於是，我帶著疑惑地問白先生：「請問，你剛剛說小白龍最愛的零食，他現在都不吃了，那個零食⋯⋯是仿冒品嗎？」

我預期白先生會覺得這訊息荒唐得很，但他在電話那頭卻大叫了起來！「啊！你怎麼知道這件事？哈哈哈哈哈！這實在是太酷了！」

白先生說：「我們每天都會給小白龍吃一種日本零食，它是從各種給小白龍試吃過的零食中脫穎而出的！我們發現小白龍超愛吃它，而且從此都不願再吃其他的零食了，所以我們時常會去日本搜刮並扛回來，或從信譽良好的日本代購網站採買。前陣子，我們發現另一個網站也有賣這種零食，價格便宜很多很多，所以就買了回來。」

白先生繼續說明：「當時也曾經懷疑，價格這麼便宜會不會是假的，但我們看了外包裝好像沒什麼差別，只想著能省挺多錢的，覺得賺到了，所以也沒有深究就拿給小白龍吃。」

結果，小白龍不買帳！白先生說：「照你這樣說，好像是自從我們換了那個比較便宜的日本零食後，小白龍就不愛吃了。現在回想起來，確實大約就是給它吃這個便宜零時之後，逐漸地，他的健康與精神狀況就變差了。」

此時，白先生恍然大悟地叫了一聲：「啊，我們還一直覺得是因為小白龍身體不舒服的關係，才會連一向熱愛的零食都提不起勁呢！」

⊙ 我挑嘴，因為我很尊貴

問題與身體無關，而是白先生壓根沒想到的理由：因為這零食味道不對，所以小白龍以拒吃來抗議父母拿次貨搪塞自己，以冷漠來回

應父母竟如此不重視自己。

白先生大笑地說：「那個零食還真有可能是假貨！我沒想到它的無精打采，竟然是對假零食的抗議，超好笑的！但是我很好奇，那零食的味道真的有差那麼多嗎？竟然會有這麼挑嘴的貓！」

當白先生半嘲諷地說小白龍挑嘴時，小白龍在訊息裡很嚴正地表示：「是的，我就是這麼挑嘴！因為，我～很～尊～貴。」

⊙ 高傲的王

小白龍給我看到：它的頭上戴了一頂「皇冠」！這畫面傳遞出：「我可不是一般的平民百姓，我是尊貴的皇族。」它那高高在上的架勢，在畫面中我還必須仰視地看它；這表示，主人也必須雙手把它捧上天。此刻，它有股理直氣壯的能量展現並發出質問：「有哪個皇族會吃仿冒品？！」

白先生聽到後笑得更大聲了：「對對對！這就是小白龍！確實，在我養的三隻毛小孩中，就屬它的個性最鮮明，非常傲骨，超級嬌貴，甚至傲慢無比。」

「它總是一副自己是王、自己是神的姿態，連我們都得一直取悅它。」不管在哪，小白龍對其他毛小孩都不屑一顧，不願意跟其他的貓一起玩耍。「我跟我老婆都覺得，在小白龍眼中，別的貓都是小嘍囉，不配跟自己平起平坐。」

閱讀之後，我建議白先生去求證，那些便宜的零食到底是不是假貨；並且之後還得繼續把「自認為尊貴」的小白龍捧在掌心，尊其為王，好生地侍候著！

當它「龍心大悅」，說不定委靡抑鬱的症狀，就會減輕了。白先生邊應允，也持續驚歎地說：「小白龍確實有著不可一世的傲骨。

小白龍給我看到它戴了「皇冠」的畫面，傳遞出：「我可不是一般的平民百姓，我是尊貴的皇族。」所以主人必須把它捧上天，好生侍候著。

此刻，它理直氣壯的發出質問：「有哪個皇族會吃仿冒品？！」

這訊息真的太有意思了！」

後續

　　過了一段時間，白先生很高興地向我回饋小白龍的近況：「後來我又回頭去有信譽的日本代購網站買了比較貴的日本零食，你猜怎麼著？小白龍一秒就把零食吃個精光！而且，也願意搭理我們了，它整個精氣神都恢復了！」白先生對於這必須富養、供奉它如皇帝的小白龍，真是好氣又好笑！

　　無論如何，零食換回正品之後，小白龍回復正常，白先生夫妻也終於放下了心中的大石頭，「只是，我們要更努力賺錢了！這樣才能一直買正牌日本零食，寵養這隻尊貴的貓！」聽得出來，在貓奴白先生的自嘲之中，可是甜滋滋的呢！

Part 10 神奇又驚喜的阿卡西篇

有時候在案主還沒發問前，
阿卡西紀錄會自動預判案主的問題，
而形成「閱讀師先有答案、案主再諮詢問題」的奇特狀況。
不得不讓我覺得：頭上三尺，真的有神明……

世界之外確實有著「超高智慧體」的存在，
而且這個存在，知曉一切；
在紀錄中，閱讀師得以觸及這超高意識場，
微妙交融、同波共頻、全息探索，
這神祕的連接，
是「平行宇宙」、「共時巧合」、「量子糾纏」……等
各種詞彙的綜合定義。

然而，越頻繁接觸阿卡西，
會發現紀錄之玄妙、之神奇、之驚喜、之奧祕，
遠超過我們能想像的最大極限；
而人類知識庫中的任何名詞，
只能傳遞解釋訊息中精髓的 70 ～ 80%，
它比你我能想像的浩瀚，還更不可思議，
更無法精準概括阿卡西浩瀚範疇的真正本質。

48 抓頭大崩潰……

　　每次連接阿卡西紀錄能量場時，作為閱讀師的我，永遠不知道會得到什麼樣讓案主與我同感驚奇的訊息。這個閱讀個案就是非常經典的例子。

　　2020 年初新冠疫情爆發，一天，王女士十萬火急地找我為她做閱讀。她是我參與的某個學習團體中的同修，雖然我跟她幾乎沒有交談，然而，我對她的印象極好，約略知道她是個柔韌兼備、心明眼亮的人。

　　當時全球都在摸索中對抗病毒、在恐懼中隔離檢疫。所以我先入為主地以為她的緊急約讀，應該與疫情的痛擊有關。畢竟在那個時期，所有人對於健康、工作、未來，甚至生命，都感到惶恐不安、慄慄危懼。

　　通話前，我心裡還想著，真希望這次閱讀，能讓她在疫情的驟變中，獲得身心的安住、生活的希望。

⊙ 瘋狂崩潰抓頭圖

　　然而，當開始連接王女士的紀錄時，我便收到一個畫面：王女士氣憤焦躁、崩潰狂吼，還抓扯著自己的頭髮！就是那種情緒大潰堤時的甩頭扯髮、怒吼國罵、狂尖叫的標準情景。

　　這戲劇性的訊息，讓我覺得十分奇怪。因為，這張揚炸鍋的情緒，實在不像被疫情碾壓地揣揣不安、無助絕望。

　　我趕緊問王女士：「請問妳今天情緒還好嗎？我讀到妳情緒大爆

炸、氣到抓頭大叫的訊息畫面……」我描述了剛剛收到的畫面，卻換來了王女士哈哈哈地笑個不停！

她驚喜地說：「就在找你閱讀前，我確實是被一件事情搞得超級惱火，而且，我就像你所說的那樣，怒髮衝冠、崩潰抓頭、瘋狂尖叫！」

聽完她的描述，現在換成我驚呼大笑了！阿卡西紀錄演示了「舉頭三尺有神明」這句話！

紀錄如此共時地投射出王女士閱讀前沒多久的發生，讓我倆不約而同地讚歎阿卡西的神奇。之後，她接著說：「我就是為了這件讓我爆怒發飆的事，來找你閱讀的。」

原來，這是王女士企業內的突發事件，其實，與疫情無關；她想知道，這件事是否會失控而造成公司損失。

⊙ 高靈：事情已經過去啦～

我並沒有追問讓她大發雷霆的事件始末，因為紀錄直接跳出：「王女士，你已經發完脾氣啦！這件事情，就過去啦！它並不會真的困擾或影響妳。當妳把情緒發洩完之後，就會回復理性，妳便可開始按照自己的方式去處理。」而且，訊息還補充：「其實，妳也並不需要來問阿卡西該怎麼做，因為妳心裡很清楚自己完全能拿捏局勢、收拾殘局、發號施令，讓事情導回正軌。」

這些訊息，又再次讓她哈哈大笑！這次的宏亮笑聲，是暢快綻放又信心滿溢的。接著王女士告訴我：「確實如你所說，其實我在抓狂尖叫後，就覺得自己好多了。而且，很奇怪的是，這件事就不再困擾我了。該怎麼處理，我心裡也已經有譜了！」

只是她還是想在阿卡西紀錄裡確認一下，看是否有自己需要注意

的、該怎麼做，或哪些不可以做的。「然而，經你這樣一講，讓我確認這件事其實就是職場的日常小插曲，它並不會真的困擾我，對吧？！」

⊙ 發洩情緒！運籌帷幄！

我回答她，對的！確實紀錄給我感覺的是：這哪是什麼大事兒？！王女士把脾氣給發洩完了就好了！她就可以回到平靜中輕鬆地處理這件事。甚至，訊息讓我感受到，其實對王女士來說，這件事一點兒都不棘手。於是我反問王女士：「你的做事能力很強，對吧？」

電話那頭又是一串王女士自信的笑聲！因為她確實有十足的把握與信心，能輕鬆搞定這件事！同時，她也盡可能低調地承認，自己的工作能力的確很強。

這個閱讀，讓王女士大大地放心了。從閱讀尾聲她穩定又飛揚的語調中，聽得出她已經收拾好心情，磨拳擦掌要去做事囉！於是，我們就在歡聲笑語中，結束了 15 分鐘饒富生趣又驚喜連連的快速閱讀。

49 森林中焦急慌亂的小麋鹿

人們的情緒，會以能量的形式，上傳到阿卡西紀錄裡，而且，是即時更新的。

這表示，當一個人受到打擊、出現情緒震盪，即使他外表沒有展露出來，然而，其內在的波動，會同步更新在阿卡西紀錄中。此時，若進入紀錄的連接，這能量就會神奇地透過：感知共振、畫面組成、音波頻次⋯⋯等的方式，如實地呈現。下面這個閱讀個案就是典型的例子。

案主小宇是我的前同事。他是台大高材生，聰明幹練，喜怒不形於色，有很高的情商。我耳聞在上海工作的他，人生有了重大變化，因為他正與一位非常契合的大陸女網友展開了戀情；想當然爾，那段時間，他所有的心思都放在新戀情中，連呼吸都花兒朵朵開，走路也散發出甜美味道。所以當他找我閱讀時，我以為小宇要問的是跟這位新女友有關的事。

⊙ 共振的能量連接：迷霧中迷途的小鹿

然而，在我連接紀錄的時候，我感受到一股很濃厚的無助焦慮能量。紀錄中小宇是一頭在叢林裡迷路的小鹿，向前望去，是一大片無邊際的霧茫茫。小鹿摸不清方向、找不到出路，他只能跌跌撞撞、踉踉蹌蹌地摸索。畫面中，他一下子撞到了樹、一下子踩了個空、一下子又被迷濛霧靄吞噬而躊躇不前。

紀錄中感受到那股把他困頓住的能量，既厚重又強大。迷途與未知從四面八方籠罩著他。此時，他六神無主、膽怯脆弱。

我心想，這不應該是他跟女朋友之間的關係啊！於是，在開了紀錄之後我問他：「你怎麼會像一隻迷途的小鹿一樣啊？！是你跟女朋友的問題嗎？還是出了什麼事讓你困擾？我感覺你的內心超級絕望無助。」

小宇回答我：「我並不是要問女友的事。而你所描述的，恰巧說明了我現在的心情。」原來，小宇之所以手足無措，是因為他剛剛接到媽媽的電話：「我媽要和我爸離婚。這個消息讓我吃驚震恐，我真的不知道該怎麼辦……」

這下子我恍然大悟了！「怪不得，我原本還想說怎麼你新交的女朋友會讓你如此惶恐無助。原來，那股能量，是跟你父母要離婚有關的。」

即使表面上小宇的表情與表達看不出什麼異狀，然而他內心的沮喪徬徨、小宇宙的崩塌情緒，這些能量都已經在紀錄中同頻共振了。

於是後面，我們在紀錄裡尋求與他父母離婚有關的指引。主要的訊息是讓他可以巧妙、合宜地在父母關係中扮演「協商者」與「支持者」的雙重角色，同時記住不要過度介懷、不應極力介入、也不該越界搓和……等（此段詳細內容不在此延展）。

⊙ 平撫情緒，從容以對

雖然在整個紀錄閱讀過程中，我都沒有讀到他父母會和好如初的訊息（但我也必須要強調，我們的未來很大程度上是具有可變性的。只是，有關小宇的父母，我幾乎讀不到「和好」的能量，而更多是相敬如「冰」的僵局、各自安好的分離能量）。然而，至少這次閱讀讓小宇的驚慌感緩和了許多；同時，透過紀錄訊息，他對父母關係失和的因果，有了宏觀的理解，不再那麼糾結；也對他們之所以會走到今天的局面，多了些了解和允許。這讓小宇在閱讀的最後，整體的負情

緒能量，出現了釋放、舒緩的良性變化。

最重要的是，現在他知道，原來自己的天並沒有塌下來，紀錄中的許多智慧，支持他在面對雙親鬧離婚的迷茫時，能以從容去面對，並坦然地接受。小鹿不再被沉重的迷霧困頓住了。

| 後續 |

閱讀小宇父母離婚的這件事，作為同事，我很關心事件走向對他的影響；然而作為閱讀師，我不應該有過度的介入與無謂的好奇。所以，在閱讀過後，我只當一位被動的聽眾，而從來不做主動的詢問者。這是一個管道最基本的自持。

然而，小宇偶爾會找我聊聊天，並不時提及父母離婚的後續發生（包含初期他居中了解父母的各自訴求、嘗試挽回的可能性、參與父母離婚協商的法律過程、安撫弟妹以最小化這件事對他們的影響，到父母確定分居的住房協調，甚至支持獨居母親投入興趣學習的新生活……等），看得出小宇不愧是學習力強的學霸，他從閱讀當天的崩潰慌亂，到逐步坦然接受，到後來的理性處理；這一路以來，多麼不容易，但他卻表現得勇敢冷靜又泰然自若。這就是活出了阿卡西的智慧與實踐。

我想，如果就阿卡西紀錄中所傳遞的：所有磨難的發生，都有促進我們靈魂成長的養分在其中；那麼，父母離異衝擊小宇的這件事，真真切切地讓他成長，也強大了許多。

50 在阿卡西中成功的會議

　　案主 Simon，是 2019 年底我教授的「美國阿卡西認證閱讀師」課程中的一員，任職世界五百強精品集團的行銷業務總監。想當然爾，他的工作非常忙碌，時常出差、加班、國際會議、辦活動。記得當年的課程中，他邊上課、邊回覆總部郵件，還得在課間休息時去開線上會；他堅持不懈地上完全部課程，精神可嘉。

　　完成課程後，他並沒有足夠的時間為他人做阿卡西閱讀，而更多是把阿卡西閱讀當成自我冥想、自我修練的好方法。

　　他覺得每次的阿卡西連接，不論是自我冥想閱讀，或請別人閱讀自己，都有很棒的啟發與療癒。所以，偶有工作或人生的關卡時，他也會找我來為他閱讀。

　　這天 Simon 急迫地約我閱讀。他說過兩天有一個集團年度大會，他得匯報去年總體業績、行銷方案總結、宣傳廣告投放 ROI 等數據，也要提出未來計畫。這種會議對身經百戰的 Simon 來說其實並不難，但重點是，會議中除了他的直屬大老板（總經理）之外，集團的大老板（董事長）也會參加。他在擔心什麼、以至於急吁吁地來閱讀呢？

　　因為他的直屬老板是剛剛空降到集團的。但不知何因，這位總經理和 Simon 非常不對盤，時常矛頭對準他，動輒挑刺找碴、打壓貶低；所以 Simon 擔心總經理會在董事長面前刻意刁難，讓董事長對自己印象扣分。如此一來，在公司拚命十多年所建立的功績與成果，就可能因為空降總經理的惡意挑剔，而功虧一簣。

⊙ 阿卡西指引，竟是如此簡單！

我向 Simon 的紀錄高維存有詢問這問題該如何解套時，竟然明快簡單地出現了一個訊息：「請 Simon 進入會議室之前，打開自己的阿卡西紀錄。並在紀錄的維度中，開這個年度大會。」

「蛤？！」不僅是 Simon 聽了這個訊息非常驚訝，我也同感詫異！他問我：「真的假的？！還可以開著阿卡西、在紀錄中去開會？」我被他問倒了！

因為我也從來不知道還能這樣操作……Simon 試圖讓我知道這個訊息的不可行性：「我已經好久好久都沒打開紀錄了耶！因為這幾個月屆臨年終，有各種的業績衝刺專案、VIP 年度感恩活動、年終財務匯報等等，我昏天暗地地忙了很長一段時間。」

Simon 的言下之意是，自己久沒連接，就算開著紀錄去開會，效果也不會好的。

然而，經過我再三向紀錄確認，得到的答案都是一樣的，我只好硬著頭皮委婉地告訴 Simon：「那……你要不就試試看呢？」因為我確實得到這樣的訊息，「而且，就沒有其他訊息了。抱歉！」

當然，我絕對相信優秀又好強的 Simon，會很認真地準備這個會議中的所有複雜數據，以回應兩位老闆的各種挑戰與提問；然而，他預約這次閱讀所期望收穫的，更多是希望高維指引能顯示出他與總經理是否有因果業力，以及會議中以什麼方式應對總經理居心叵測的刁鑽等等。以至於，這個「開紀錄去開會」的指引，說真的，訊息並沒有滿足他。

我們都渴望紀錄提供一些確實的開會良方，但是，這次紀錄卻只是明確地讓 Simon 開著紀錄去開會！僅此而已。

於是，這個閱讀在我們兩個都一堆問號的狀況下，迅速地結束

了。因為反覆問訊息都一樣，一樣簡單、一樣篤定。

閱讀完成後，我心裡煩惱著：「怎麼辦？這閱讀好像沒能支持到Simon……」但我也只能默默地祝福他在會議中表現優異、開會順利。

⊙ 這招太有效了！

幾天之後，Simon打電話給我，聲音格外嘹亮地告訴我：「大萬，我開完會了！你知道嗎？我真的打開了阿卡西紀錄去開會，而且，這個會議真是前所未有的順利、太太太成功了！」他雀躍不已地分享會議圓滿的成果！

Simon接下來問我：「我可不可以永遠都開著阿卡西去開會呀？」

他這莫名的提問，讓我啼笑皆非！我不懂他為何這樣問。Simon解釋：「因為開著紀錄開會的那種狀況，實在是太好了！」

他進一步說：「在阿卡西紀錄中去開會，很神奇的是，我對總經理所問的一堆刁鑽的數字問題，都能泰然自若地對答如流，非常從容。而且我感覺自己的頭腦也高頻、多維、理性、平靜；重點是，在聽到總經理與董事長提問的當下，我能感知到他們真正在乎的是什麼、真正想聽到的方案是什麼；而且，即使老闆的問題才起一個頭、還沒講完，我就先自己腦補完成了……」

⊙ 這就是阿卡西！

Simon所描述的這種狀況，讓我想到 2011 年由布萊德利庫柏（Bradley Cooper）與勞勃狄尼洛（Robert De Niro）主演的好萊塢電影《藥命效應》（Limitless-Everything Is Possible When You Open Your Mind）電影中男主角吃了特殊藥物，腦神經元大幅度活躍，使得智力功能的啟用度飆高，而出現聞一知十、觸類旁通、提前預判等

的腦洞大開；而這些也確實很像連接阿卡西紀錄時所獲得的高維多元視角、發展預知、與他人連接的通訊能量！

只是，我們這位男主角 Simon，他不用像電影中那樣去吃特殊的藥，而只要「打開自己的阿卡西紀錄」即可！

這個在紀錄能量振頻中開的會議，讓 Simon 運籌帷幄、對答如流的卓越表現，不僅讓董事長對他讚譽有加，對他刮目相看，就連那位一直刻意排擠 Simon、不斷找碴的空降總經理，也頻頻點頭，甚至對他的會議報告豎起大拇指！

這原本讓 Simon 緊張失措的招脖子會議，卻成了他華麗大轉身的光燦舞台！怪不得 Simon 一直嚷嚷著：「這感覺太爽了！以後，我想一直開著阿卡西紀錄去開會！」

心靈即時通

* 這個紀錄指引的重點，最重要的是讓 Simon 對自己重拾信心，也讓總經理對他給予認同。相信他以後再次面對總經理的為難時，會更處之泰然！所以，我還是必須要強調，阿卡西紀錄的主要存在目的，並非讓我們拿來開會用的。

* 然而，Simon 這次閱讀的奇特建議方案，也確實讓 Simon 收穫了很好的開會結果。在我閱讀過的一萬多筆個案資料中，只有 Simon 一人是這樣的，所以，這應該只是很神奇的個案，並不具有通性哦！

* 然而，阿卡西紀錄智庫確實可以幫助我們的創作與工作。正確的運用方式是：我們先打開紀錄，詢問嶄新的創造性，或處理事情的方法；然後關閉紀錄，回到生活層面中再去創作、去工作。

* 我還是建議大家要持有自主決定權，投入自己的心血，來決定人生的走向。我並不會因為 Simon 這個案例，就建議大家都打開阿卡西

紀錄去做事情、去開會（除非真的讀到這樣的指引）；我們還是必須透過自己努力，以清晰、醒覺、勇敢、負責的方式去面對挑戰。

【閱讀的學習、經驗分享】

僮佑（星盤老師、阿卡西認證閱讀師＠溫州）

Tiffany Wang（企業商管培訓師、九型人格老師、阿卡西認證閱讀師＠美國
亞利桑那州）

羽芝（阿卡西認證閱讀師＠台北）

子尚（阿卡西認證閱讀師＠山東）

Vala（旅歐藝術創作／療癒師＠法國）

A（＠台北）

Phoebe 宋（國際化妝品集團專業經理人、阿卡西認證閱讀師＠上海的台灣人）

GIN（國際名模、阿卡西認證閱讀師＠上海的台灣人）

Kima（阿卡西認證閱讀師＠花蓮的香港人）

Howard 龔（投資人、保險經理企業家、阿卡西認證閱讀師＠上海的台灣人）

＊＊＊

以德道之，以能術之。我的阿卡西大萬老師（ONE），絕對就是一個道、術兼得的人。

她是一個非常純淨的管道，每次找她閱讀阿卡西，她都可以精準地看到我的現狀。另外，關於未來的部分，也幾乎無一不驗證。

然而，這些神奇的紀錄訊息，對我而言，還並不是最最療癒的（如果你只是因為 ONE 老師的閱讀能力很好而與阿卡西閱讀結緣，那，你其實還沒收穫到好多我在 ONE 老師的閱讀中所獲得的寶貴部分）。請容我詳細的解釋一下。

我遇到 ONE 老師時，正值我的婚變時期。丈夫忽然提出離婚，讓我痛苦無助；我非常怕失去愛人、失去婚姻、失去家庭，我試圖找各種方法想保住婚約，然而丈夫卻堅決不願繼續。

那段時間，我急切地想尋求各種依託：所以當得知阿卡西閱讀可以打開阿賴耶識、生世輪迴、因果業力後，我立刻找了很多阿卡西閱讀師，我期待他們告訴我婚變的發展與婚姻的未來走向。那時候，我真的太想知道我可否不要跟前夫分開了……

但是，大部分閱讀師都不是要告訴我結果，他們時常在閱讀時，讓我感覺是比較制式的開頭。例如：問我在害怕什麼……以及想挖掘我的潛意識模式。

當然，他們並沒有錯（而且，我後來有跟 ONE 老師學習阿卡西紀錄的認證閱讀師課程，ONE 老師教導的內容中，確實也有講潛意識挖掘這部分的）。可是，當時的我，對於離婚的發生，實在太害怕、太恐懼了，以至於我就像一個極其虛弱的重症病人，我當下最需要的，並不是動手術，而是得先補充我的續命能量，否則我根本承受不起手術帶來的傷痛，很可能根本挺不過手術就先 over 了。

因此，那時候在找不同閱讀師時，我並不想理性地找「問題根源」，更不期望閱讀中的「潛意識挖掘」。我只是太想知道「我可否不要跟前夫分

開」的答案了，因為，這個答案才是我當下最需要的。

然而，絕大部分的閱讀師，都更熱衷於給我直接「動手術」（意識挖掘），而這恰巧是我當時還承受不了的，他們並不是順著我的極其虛弱，先給我「續命的能量補充」。

還好，我何其有幸，遇到了一個有大愛，有智慧的 ONE 老師。她從不問我為什麼害怕，或直接去找是什麼潛在信念系統讓我有這樣的遭遇。ONE，是唯一一位，無論我有任何問題，她都會全然接納，並說一句：「好的，我們一起來問一下紀錄之中的高靈們……」然後，她就會把在連接中得到的訊息，既不討好我也不傷害我地，如實地傳達給我。

那段時日，我幾乎是每兩三天就請她幫我閱讀一次。而且，重點是，我問的問題，基本上都是一樣的。我就是重複地問：「前夫現在的狀態是怎樣的？他對離婚，現在是怎麼想的？他對我還有感情嗎？我們有可能復合嗎？……」不誇張地說，我這樣的問題「轟炸」，差不多問了有一年之久！

我真的可以斷定，很少有人能這麼耐性地、重複地為我閱讀，並回答我不斷詢問的同一個問題。

最重要的是，她從來沒有評判！我可以從她的話語、態度、陪伴中，知道她從來沒覺得我怎麼這麼囉嗦、為什麼這麼懦弱、為何總問一樣的問題、怎麼都不願意改變……沒有！她從來沒有一點點的不耐煩，更從來沒有想以靈性老師的架勢指使我去看問題根源或找解決方法。

她總是接下我如出一轍的問題，溫柔地詢問紀錄。

她不介入、不干涉、不評判、不建議、不指揮；她只是真實地、耐心地傳達她在紀錄中所收到的訊息。

真的，也就是這樣，在那段時間裡，ONE 的閱讀，讓我真正地感受到了什麼是無條件的、深深的愛。只有體會過什麼是愛的人，才會知道那是什麼感受。只有被尊重過的人，才會知道什麼是被尊重。只有被耐心對待過的人，才會知道什麼是真正的耐心。

她就像唯有在書中才能看到的那種人：大愛、慈悲、謙卑、智慧。而這樣的人，竟然活生生地，透過一次次的閱讀，出現在我最低谷的生命之中。

　　這種溫暖的陪伴，甚至比神奇的紀錄傳信，還要更療癒我當時重症的內心。這就是我從 ONE 老師的閱讀中獲得的、極其寶貴的部分！

　　如今，在她一次次閱讀的療癒之下，我從極其虛弱的重症中，續了命、走了出來，而逐漸恢復健康。現在，我的人生，既精采又有力量。之後，我上了 ONE 老師的阿卡西認證閱讀師的課程，接著，又成為了一名占星師。現在，我也開始了占星課程的教授！

　　雖然，ONE 總讓我不要稱呼她為「老師」；但，事實上，她確實是對我影響最大的老師。

　　在我現在服務案主、教授星盤課的過程中，我也秉持著耐心、智慧、尊重，不評判、不介入；這些，都是我的 ONE 老師帶給我的。

　　我的老師 ONE，就是那個用生命在影響生命的人。我好愛她哦！

偉佑（星盤老師、阿卡西認證閱讀師＠溫州）

＊＊＊

對於玄幻的事情，我總是抱著半信半疑的態度。信的是，我相信這宇宙中，有著比我們更高更大的主宰；疑的是，渺小的我似乎和這些能力或能量毫無瓜葛。直到我遇見了阿卡西閱讀。

阿卡西閱讀的連接，除了讓我增加直覺力之外，更開啟了更多我以為我不曾具備的智慧。在過去幾年的人生起伏中，每每遇到困難，我就會靜下心來，連結阿卡西場域、連接高維存在，以尋求更好的觀點和建議。而且，其實這些智慧本來就存在我們心中！我們只需要學習如何喚醒它，並明白自己在這宇宙中並不孤單，其實我們身邊總是充滿了各種幫助，而且它們不見得是我們肉眼可見，或理性腦袋可思考的形式。

ONE 老師是我見過最謙虛可愛的人，她的耐心引導，讓我能在學習閱讀的路上增加信心，而她卻總將這一切功勞，歸功於宇宙、高靈等光明的存有；這樣的虛懷若谷以身示範，讓我們在閱讀能力增加的過程中，不至自我膨脹，更不會忘記初衷。

終於盼來 ONE 老師要出書了，也希望有緣閱讀這些文字的你，能在這浩瀚的宇宙中，看見自我、發現自我的美好。

Tiffany Wang
（企業商管培訓師、九型人格老師、阿卡西認證閱讀師 @ 美國亞利桑那州）
tiffwang@tiphconsulting.com

＊＊＊

每個人的阿卡西紀錄資料，都是個大寶庫～

資料多到無法用腦子想像（因為輪迴太多次）。閱讀師（工具人）打開場域探索提問，能量要敞開、腦袋得放空、保持平常心，比較容易錨定校準，接收訊息。

此外，案主在閱讀紀錄時，提問當下的「心念」也是關鍵。

若心急只求給答案（阿卡西真的不是通靈算命），常常會「聽不進」或「沒聽到」高靈給出的方向指引或建議（根據我的閱讀經驗，高靈給出的，通常是案主當下「最需要的答案」，卻不一定是案主「最想要的答案」）。

不打緊，智慧有愛的高靈們，總會適時出手，再次「提點」的。

若你不想改變，或沒有做出改變，
那就真的什麼事也不會發生。

若你敢於冒險，願意開始改變，
就有機會體驗不同的人生風景～
那是生命最美好的祝福，真的！

未來的事，
在阿卡西紀錄閱讀裡，
不一定有答案（但肯定有指引與方向性）。

因為，
未來，真的是你自己走出來的。

羽芝（阿卡西認證閱讀師＠台北）

＊＊＊

我叫子尚，自幼就酷愛繪畫，喜歡內心深處的世界，如畫卷般徐徐展開。也曾掛職於山東美術館編輯部和山東畫院創作部，同時也是一位對探求世界真相和內在真理充滿熱情的人。

在 2022 年 12 月末，我有幸學習了大萬老師的阿卡西課程，至今，我已經完成了七期阿卡西紀錄課程的初階、進階學習，以及兩期高階課程。每次在上完大萬老師的課程之後，我都會多次的看回放、記筆記，細細地去感受其中的滋養，深入鑽研阿卡西的奧妙之處，領會它浩瀚無垠的智慧。

初次接觸密法和修持，迄今為止已經 10 年了，深深感受到自己是被一種強大的力量在推動著前行，在這個生命的歷程中感觸頗深。雖也時有法喜充滿、身心自在，逐步撥雲見日，然而也爆出了過去世的業力關卡，以及祖源問題的拉扯。原生家庭，親密關係，親子關係，身體狀態，情緒狀態，各種能量之間的糾纏，纏繞在一起。直到我遇到阿卡西這個法門，那個時候感覺阿卡西是那麼奇幻奧妙的一個工具，就像愛麗絲夢遊仙境一般奇妙，又如打開了潘多拉魔盒一樣地精采紛呈。慢慢經過一年半的閱讀實戰練習、經驗，閱讀了大約五百多個個案之後，我達到了前所未有的靈性高度，生命變得更加地綻放和喜悅了。

我再細緻地分享一下阿卡西帶給我的收穫：

1. 大腦的活化：

過去我是一個純右腦思惟方式的人，喜歡藝術、浪漫，和所有一切美好的事物。學習阿卡西之後，我感覺左右腦得到了平衡有序的發展，現在的我腦子有時像無垠的天空一樣是浩瀚無邊的，但如果需要頭腦風暴的時候，就能湧動出很多東西，無論是邏輯思考還是感性創作，都能靈活切換。冥想與高維智慧的不斷洗禮，使我更能清晰地捕捉到頭腦中的靈光，學習和領悟能力得到了顯著提升。在阿卡西之光的照耀下，現在也打通了心和腦。學習東西特別快，悟性得以提升。

2. 覺知力強化：

修行讓我具有一定的自我意識管控能力，但阿卡西的學習進一步增強了我的覺知力，讓我更能深刻體驗到生活中的每一個瞬間，並且安住在當下的美好和神聖中。

3. 能量與力量的回歸：

透過阿卡西紀錄的閱讀，我整合了我過去所有的力量和天賦才華。比如，我從小就是一個三眼輪開啟的人，可以看到很多人和植物、各種事物的輝光。我一直認為別人也是這樣的，並不認為那是我自己獨有的天賦和能力，這讓我在閱讀個案時可以更好地掃描案主的能量狀態，可以掃描案主的脈輪、身體的輝光、病氣所在，同時也打開了多維度連接，可以閱讀外星存有，以及可以在阿卡西裡面運用高維能量幫案主療癒。

我也在阿卡西紀錄裡面梳理了前世的很多關卡，記憶和靈魂碎片的召回，憶起了自己是誰，也接納了自己的靈魂使命，並打算活出天命，活出今生的精采，不辜負上天為我匹配的所有的天賦才華……

4. 財富密碼：

在阿卡西高頻智慧的洗禮下，流經我生命的能量和愛不斷增加，我的財富通道逐漸拓寬，收入穩步提升。

5. 接納自我：

在閱讀阿卡西時，其實就是在拆解過去的「限制性信念」和「不再服務於我們生命」的模式。在與自己和解的過程中，在和案主交流的過程中，慢慢明白，很多人事物來到我面前，是為了要教會我什麼的，所以所有人事物開始順緣起來，我開始為自己的生命負起百分之百的責任，也慢慢接納，活出自己獨一無二的光，即使它並不是那麼完美。

雖然自己是在照亮別人的過程，但其實是讓自己更加謙卑，因為每一個人都有自己的能力去活出那份生命、愛和喜悅。我感恩每一個出現在我生命裡的人，都像是上天所給予自己的一份美好的饋贈，給我機會讓我付出和踐行愛；感恩人們來到了的我身邊，成就我，幫助我照見自己的實相。

除了生活以外沒有其他的神，因為生活是生命的最高的表達，但在過去很多年裡，我都是住在空中樓閣裡的公主，高冷且不接地氣，然而阿卡西的中正、浩瀚、有愛、包容、純淨、療癒、智慧與能量，已令我完全蛻變。我願意為了我在這裡的靈魂家人和地球母親的揚升做出貢獻。

在 2024 年 4 月份，幾位已成為朋友的阿卡西閱讀案主邀請我遊覽浙江風光，觸摸了衢州的老城牆，朝聖了普陀山聖地，擁抱了山間的千年古樹，在阿卡西和這份生命的指引和喜悅下，邊走邊做閱讀。我發現我可以把阿卡西之中的源頭之光帶到我所到之處，並錨定在那裡，腳下所踏皆是故鄉，心中升起無限的力量和愛，與當地厚重的文化情感及人們心中無限的愛，交織成了深深的連接。

我終於活成愛、自在，活在和平中，我感受到過往業力的枷鎖逐漸地鬆開，逐一化解打開，轉化為和諧與力量，我可以祝福我曾經怨恨的人們，並對他們滿懷敬意和感恩！

在每一個清澈的日子裡，感受著生命的美好！對人生的意義和美麗，有了更加深刻的理解。我存在的狀態是美麗的，連空氣都是是美麗清新的，被周圍世界裡的愛包圍著，連接著人們、植物、動物，以及高維智慧，心靈通達十方。

我是幸運的，被上天祝福和恩典的！感謝大萬老師的慈悲之心，帶我進入如此殊勝美妙的法門，是我最敬佩的老師之一。我愛她那自然流露的隨性與生命流動的狀態，帶著大愛與平等，把阿卡西之光傳播在世界的各個地方和領域，功德無量無邊！願在您的引領與影響下，一起為提升人類意識而發光發熱。

子尚（阿卡西認證閱讀師 @ 山東）

＊＊＊

一些真正的管道，會突破他個人的認知局限，而傳遞出可能連他自己都不理解的神聖維度訊息。

如果一位傳信者在連接時，夾帶有他自身的個人生活意見／建議，而沒有真正貼近訊息本源、貼近個案的話，作為具有敏銳靈性感受的我，是能清晰地感受到其中差別的。而且，我認為在傳訊的過程中，當下感受是否共時共振，是真正連接的第一步。

其次，傳訊管道可以分為兩種：有的管道，是以平行視角來做確認、陪伴和一點點擴展的；而第二種管道，則可以從更高的維度直接擊中你，顛覆你的舊有認知，刷新你的無限可能性。我認為，ONE 即是第二種管道。

時常，在請 ONE 為我做的阿卡西解讀中，給我帶來很大的意識突圍，讓我明確自己的體質、靈魂的使命、當下的課題，並在這個基礎上知曉我能如何與周圍的一切互動，顯化豐盛實相。讓我從自利與利他的二元對立中解脫出來，看到其中的源頭合一性。

ONE 的閱讀，總能讓我「以愛之名，去看待並且去接受所有的一切」。

Vala（旅歐藝術創作／療癒師＠法國）

＊＊＊

我是一個在極具顛簸、挫折、破碎，同時也很戲劇化的童年中長大的孩子。

父親白手起家，小學都沒有畢業卻靠自學允文允武、口若懸河，憑自身的毅力與才華，創立了電子公司。創業不到 10 年光景，父親就成了當時電子界的翹楚，我是備受父親寵愛的掌上明珠。

一切看似邁向美好人生劇本時，驟然巨變，父親因為事業版圖擴大，手足之間眼紅，他的弟弟對他索求無度，在一次討錢不成下，竟帶刀刃將父親砍成重傷。從此，在我 13 歲的青春年華，不再青春，我的人生劇本，從此改寫。

爸爸倒下後，我看過太多腥風血雨，見識過人性的醜惡，領教過各種訕笑，成長過程帶給我的挫折與迷惘。我曾經不斷尋找命理師、靈媒、卜卦、心理諮商師等，後來我發現，這些所謂的命理師、靈媒師都是同一套理論，他們只用世俗的方式論命，但難道命的好壞成就，只攸關財富多寡嗎？我越算命越困惑，以至於從不惑之年後我不再尋求算命了，我想把決定命運的鑰匙，拿回自己的手中。

早年時期的經歷，使我有著看來強悍而獨立的外表。然而我的內心，其實充滿了對未來的不安與問號，但我可以感覺自己身上總有一股父親那戰士般的血液在流淌。在我 35 歲那年，我創業了，是美好閃亮、同時也極有挑戰的高端珠寶業。創業過程中，一層又一層的關卡，有時讓我不知該如何推進，過往經驗的不安感還是時不時湧動，使我退縮遲疑。直到某日，朋友跟我聊起「阿卡西閱讀」，我輾轉認識了大萬（ONE），從此，也開啟了人生中的第一次阿卡西閱讀。

相較於坊間難辨良莠的閱讀師，我覺得大萬的心境修持地十分乾淨，所以在閱讀體驗時，我可以感受到大萬的阿卡西閱讀十分到位。閱讀中她傳遞的訊息讓我知道，原來，我的過去幾世記憶，儲存在不同次元，我甚至可以用「意識能量」去主導它們，這是我今生所擁有的能力。大萬反覆提醒我：不要小看自己掌握意識的力量，也就是一種「心想事成」的能力（關

於這點我的回饋是：一直以來，我確實可算是個顯化力很強的人）。

接著，大萬閱讀到一個畫面：一顆閃爍著金色、璀璨的水晶晶體，卻被沉重的、晦暗的東西壓住，那顆晶體內在有超大的力量，猶如上天指派了很多磨難來挑戰我，投射了許多難關來鑄造我，其目的就是為了要我活出我原本的模樣。今生的我帶著使命，不該再因過去種種而使我躊躇不前，不需再為阻擋我前進的人事物而內耗……大萬的娓娓道來，讓我在閱讀中，倍感溫暖而很有力量。

我漸漸開始懂得阿卡西閱讀的意義！我在人生的這個時間遇到大萬，開啟了阿卡西紀錄之路，這也許不是巧合，我想這是一擊重重的當頭棒喝！

藉由大萬通透的阿卡西閱讀，我擁抱並學會感謝成長過程中所經歷過的醜陋險惡與我不為人知而流的多少眼淚；紀錄更提醒我要帶著與身俱來的領袖權威力，拿回人生的那把鑰匙，發揮自身的影響力，讓更多人的生命，也因此發光發亮！

A（@台北）

＊＊＊

在觸及阿卡西閱讀之前，生活的忙茫盲讓人像在霧中行走，對自我意識茫然，對生命概念模糊。成長路上都是難解的題，有考不完的試和斬不斷的糾纏。

在習得阿卡西閱讀之後，變化就如同 ONE 老師所言，「接納是一切改變的開始」，「一切在不知不覺中美好起來」；我透過不斷地挖掘探索自我，面對過去受困無解的情緒、無法調整的壞習氣和無用的信念，這些都神奇地得到了療癒。

在充滿光和愛的自信和自愛力量中，我看見了自己，這讓我得以全新的自信選擇所愛，勇敢地邁向與靈魂共鳴的生活。

能隨時擁抱充滿寧靜與愉悅感的生活是如此美好，生命是如此可貴，生活是如此可愛，這一切都感恩阿卡西之光的引導。

Phoebe 宋（國際化妝品集團專業經理人、阿卡西認證閱讀師 @ 上海的台灣人）

https://reurl.cc/7RnrZy
歡迎關注 Podcast、Spotify：「兩隻老虎姑婆」節目頻道

＊＊＊

　一次巧妙的機緣，ONE 老師的阿卡西課程，來到我的生命中。

　老實說，朋友推薦我來上課的時候，我並不清楚這是什麼課！記得上課的第一天，我還很恐懼地認為，自己一定做不到、自己肯定不能感知高維訊息……

　然而課程的第一個冥想，我竟然連接到我離世的父親，那感覺是如此地真實，以至於我在冥想中淚流滿面，震撼不已，療癒了我對父親的想念之情。就這樣，我很認真地上完了課，收穫滿滿！

　幾個月後，我的人生發生了巨大的挫折，當時我以為自己會過不了這個檻，然而我不經意間又看到阿卡西高階課程的訊息，我覺得這絕非偶然，於是決定在人生低谷中再一次進入更進階的學習，想看看這一階阿卡西課程能否再帶著我找尋到生命的解答與方向。

　課程上完後，我花了幾個月的時間，感覺靈魂逐步地得到真正的釋放。

　原來真正的答案就是——我自己：我對自己的不認可、對家庭安全感的匱乏、對人生產生空虛感，都是來自於從小原生家庭事件的影響。

　於是，課程後的持續發酵，帶我一步一步地接受了自己、擁抱了孩童的自己。我慢慢地允許自己全然地接受人生中所發生的每件事情，並發現原來這些打擊，都是要來教會我某些寶貴智慧的！

　當我學習到了這珍貴的核心信念，對很多事件，我就欣然地放下了。

　當我渴望事情的答案而往外求，答案越找越讓我困惑。但，當我探詢事情的答案而是往內求，結果竟一切都豁然開朗了！

　我非常感謝能遇到阿卡西這個連接內在智慧的方法；也非常謝謝能向非常資深、純淨、認真、知無不言不藏私的 ONE 老師學習。阿卡西在我人生最需要的時候出現，它不是制式的答案，但它像黑暗中的那個閃亮點，指引我們往光明走去。

　經由學習阿卡西，我重新拿回這種能陪自己找到最真實自己、並全然愛

自己的內在力量。我開始帶著最初的心，去看待這個世界，去體驗人生的美好，感受我所擁有的每一處幸福。

謝謝阿卡西，讓我現在可以真正從容的活在當下。

也願祝每個人都能找到自己最初的心，接受最棒的自己！

GIN（國際名模、阿卡西認證閱讀師 @ 上海的台灣人）

＊＊＊

生命悄悄走至今日，非常幸運也很感恩有機會遇到「阿卡西閱讀」！因為它將我以前所接觸到的佛法、內觀、寵物溝通與家族排列等，全都不違和的巧妙融合在一起。

「萬法唯心造」，在閱讀時透過高我的引導，進而探索、提升自己內心世界，也唯有修正自心、思惟，才能面對外在許多的關係與各種情境問題！

而運用「阿卡西閱讀」進行寵物溝通，更是讓我體驗到眾生平等的真正意義！在許多次的阿卡西寵物閱讀中，我學習到：在充滿愛與智慧的阿卡西場域中，所有的靈魂能量體都是一樣的，甚至有些寵物與主人相遇的目的，竟是要來幫助飼主生命提升的，真的很令人感動！

雖然至今閱讀的個案並不多，但每次的閱讀都讓我自己學到很多很多；也因此，現在看待事情，我都會用「學習」的態度來謙懷地面對。

還有另一個很開心的事是，因自己接觸並分享阿卡西閱讀的緣故，使得周遭有些朋友也開始關注或進一步學習阿卡西閱讀！真誠地希望有越來越多的人可以接觸到阿卡西這麼棒的習修成長、高維連接方式。相信透過我們的一起努力，一定會讓這個世界越來越好！

Kima（阿卡西認證閱讀師 @ 花蓮的香港人）

＊＊＊

我從小就很喜歡算命。

在認識 ONE 之前，不誇張，我幾乎每個月都找阿卡西閱讀師閱讀一、二次，同時，也高頻率地求籤、卜卦、算命、占星。之所以會這樣，是因為我在面對不確定的人、事、物，與未知的未來時，我希望能從中獲取一個方向，亦或是給自己一些心裡的安慰。許多東方人應該都跟我一樣，嘗試透過求各種算命、找各種大師，來獲得心理醫治或心靈療癒吧！

因緣際會之下，我有次知道了，原來阿卡西還有課程可以學習！然而，由於我工作繁忙，常各地出差，而且，我從來不相信自己也能成為一位「認證閱讀師」，所以當時我並沒有要學習阿卡西的計畫！然而，命運的安排就是這麼玄妙！ 2020 年的疫情與頻繁隔離，使得工作節奏慢了下來，也無法出差，而創造了我報名 ONE 的阿卡西線上課的神奇機緣（因為疫情，當時只能空中上課）！

雖然我很熱衷玄學，但是上課前，我還是內心小糾結了一下：我自己學習去閱讀，會像我被閱讀時那麼的神奇嗎？我真的可以看到自己的前世嗎？我真的會收到預測未來的訊息嗎？我真的能為他人做閱讀嗎？……

當我在 ONE 豐富扎實、有序引導的課程中，看到畫面或有強烈的內在感受時，我真的興奮不已！

印象中最有趣的是在一次群閱讀的小練習中，ONE 讓我們把她當成練習對象，閱讀她的小水晶，把各自讀到的訊息打在會議軟體的對話窗中，或直接以話筒發言。同學們竟然不約而同地表示：「我感覺水晶很想要洗澡！」「水晶說它覺得自己好髒！」「水晶很想要被淨化……」等等；當然同學們也有獲取其他訊息，然而，在「想被洗淨」這一點上，我們所收到小水晶傳遞的訊息，確是如此一致！

重點是，ONE 老師立即很不好意思的給我們回饋，並說明她自己確實是個不太會打理水晶的人！有時想到該淨化水晶了，把它往陽台一放，然後大半年都忘記取回，以至於水晶風吹日曬雨淋而沾滿灰塵。她還說，自己

確實很久很久沒有清洗水晶了，也謝謝我們在練習中傳遞如此清晰的水晶需求給她！這讓我們都莞爾而笑！

還有一次課間練習，是有關天賦才華能力的群閱讀。十分神奇的是，同組同學讀到與我才華有關的前世工作，都有極高的雷同性，包含：我曾經是算命師（難怪我這一世也非常熱衷探究命理，還來學阿卡西閱讀）、醫生（我從小體弱多病，可能是過去吸了太多的病氣，我因此也久病成良醫，目前還投資了一位神醫的中醫診所），以及曾經是妻妾成群的富員外（嘿嘿嘿……）。

我上了二次的初階、進階和高階課，目前是繁忙的工作之餘，以隨喜的方式幫同學或身旁的人閱讀。我更多是畫面型＋覺知訊息型收信的閱讀師。在幫朋友閱讀的過程中，有時能讓對方即刻療癒而釋懷，獲得勇氣繼續前行；有時能讓對方開心雀躍十分滿足地離開；有時也會讓案主因為面對實相而更加沉重或沮喪；當然也有案主反應「都不準」的。然而，不管是什麼反應，我都記得 ONE 跟我們說的：我們就是一個訊息的接收和傳遞管道，案主會有不同程度地被敲醒，或當他準備好的時候才會真正理解，或者案主被推動要自主掌握人生……等的安排。因此，作為閱讀師，獲得案主的認同並不是我們應該追求的，而是抱著最大的中正與善意，傳遞我們接收到的最高維訊息。

雖然我並不確定自己未來會不會走向專業閱讀師這條路，然而在接觸阿卡西的過程中，我挖掘並更清晰了自己此生的靈魂使命；我看待人、事、物變得更加自在、寬容。我也了解到ONE說的，人生其實就像一台織布機，截至此時此刻的人生，就像是已經織好的布匹花紋；而我們的未來，則是尚未織好的、等待著我們去編織出屬於我們自己的精采未來。

我很開心 ONE 要出書，我相信這本分享阿卡西個案的書，能讓更多人在這混沌的空間和紛擾的世界中，找到一個穿透因果業力、學習新的靈性觀點、被賦予能量的明亮方向，可以從書中學習、反思、改變，讓靈魂向前勇敢邁進。

Howard 龔（投資人、保險經理企業家、阿卡西認證閱讀師 @ 上海的台灣人）

howardkung61@outlook.com

神奇的阿卡西紀錄

亞洲首屆最高階認證諮詢師 ONE 閱讀上萬案例後的精選分享，讓你腦洞大開，從心出發

作　　　　者	大萬（ONE）	
責 任 編 輯	徐藍萍	

版　　　權	吳亭儀、江欣瑜
行 銷 業 務	周佑潔、林詩富、吳淑華、吳藝佳
總 　 編 　 輯	徐藍萍
總 　 經 　 理	彭之琬
事業群總經理	黃淑貞
發 　 行 　 人	何飛鵬
法 律 顧 問	元禾法律事務所　王子文律師
出　　　版	商周出版　115 台北市南港區昆陽街 16 號 4 樓
	電話：(02) 25007008　傳真：(02)25007579
	E-mail：ct-bwp@cite.com.tw　Blog：http://bwp25007008.pixnet.net/blog
發　　　行	英屬蓋曼群島商家庭傳媒股份有限公司城邦分公司
	115 台北市南港區昆陽街 16 號 8 樓
	書虫客服服務專線：02-25007718　02-25007719
	24 小時傳真服務：02-25001990　02-25001991
	服務時間：週一至週五 9:30-12:00　13:30-17:00
	劃撥帳號：19863813　戶名：書虫股份有限公司
	讀者服務信箱 E-mail：service@readingclub.com.tw
香 港 發 行 所	城邦（香港）出版集團有限公司
	香港九龍土瓜灣土瓜灣道 86 號順聯工業大廈 6 樓 A 室
	E-mail: hkcite@biznetvigator.com　電話：(852)25086231　傳真：(852)25789337
馬 新 發 行 所	城邦（馬新）出版集團 Cite (M) Sdn Bhd
	41, Jalan Radin Anum, Bandar Baru Sri Petaling, 57000 Kuala Lumpur, Malaysia.
	Tel: (603) 90563833　Fax: (603) 90576622　Email: services@cite.my
封 面 設 計	張燕儀
插　　　畫	李恩儀（Madeline Lee）
印　　　刷	卡樂製版印刷事業有限公司
總 　 經 　 銷	聯合發行股份有限公司　新北市 231 新店區寶橋路 235 巷 6 弄 6 號 2 樓
	電話：(02) 2917-8022　傳真：(02) 2911-0053

■ 2025 年 1 月 9 日初版　　　　　　　　　　　　　　　　Printed in Taiwan

定價 380 元

城邦讀書花園
www.cite.com.tw

線上回函卡

國家圖書館出版品預行編目 (CIP) 資料

神奇的阿卡西紀錄：亞洲首屆最高階認證諮詢師
ONE 閱讀上萬案例後的精選分享，讓你腦洞大
開，從心出發 / 大萬（ONE）著 .-- 初版 .-- 臺
北市：商周出版：英屬蓋曼群島商家庭傳媒股
份有限公司城邦分公司發行, 2025.1
面；　公分
ISBN 978-626-390-417-0(平裝)

1.CST: 靈修

192.1　　　　　　　　　　　　　　113020332